336

UNIVERSITÉ DE DIJON. — FACULTÉ DE DROIT

LA

LÉGISLATION DOUANIÈRE

des Céréales

THÈSE POUR LE DOCTORAT

(Sciences politiques et économiques)

SOUTENUE DEVANT LA FACULTÉ DE DROIT DE L'UNIVERSITÉ DE DIJON

Le 17 mars 1900, à une heure et demie

PAR

Raymond BERLIER

SOUS LA PRÉSIDENCE DE M MONGIN, PROFESSEUR

SUFFRAGANTS { M. TRUCHY, PROFESSEUR ADJOINT
{ M. VIGNES, AGRÉGÉ

LYON

IMPRIMERIE MOUGIN-RUSAND, WALTENER & Cie SUCCESSEURS

3, RUE STELLA, 3

1900

1

LA

Législation Douanière

DES CÉRÉALES

UNIVERSITÉ DE DIJON. — FACULTÉ DE DROIT

LA

LÉGISLATION DOUANIÈRE
des Céréales

THÈSE POUR LE DOCTORAT
(Sciences politiques et économiques)

SOUTENUE DEVANT LA FACULTÉ DE DROIT DE L'UNIVERSITÉ DE DIJON

Le 17 mars 1900, à une heure et demie

PAR

Raymond BERLIER

Sous la présidence de M. MONGIN, Professeur

Suffragants { M. TRUCHY, Professeur adjoint
{ M. VIGNES, Agrégé

LYON
IMPRIMERIE MOUGIN-RUSAND, WALTENER & Cie SUCCESSEURS
3, RUE STELLA, 3

1900

INTRODUCTION

Les modifications de toute sorte que le développement des moyens de communication apporta aux relations économiques entre tous les peuples, a fait surgir
des questions inconnues jusqu'alors et d'une solution
parfois difficile.

Autrefois, et d'une façon d'autant plus accentuée
que l'on remonte plus haut dans la suite des siècles,
chaque État, chaque province vivait pour ainsi dire
d'une vie indépendante et isolée : peu de commerce
ou du moins dans une proportion fort restreinte ; une
production généralement limitée aux besoins du pays,
puisque le producteur ne pouvait, faute de communi-
cations sûres, rapides et faciles, en déverser la sura-
bondance sur les contrées voisines ; et surtout des
obstacles douaniers presque insurmontables pour les
téméraires qui auraient pu être tentés de réagir.
Mais il serait superflu de pousser plus loin la comparaison avec l'époque moderne.

Parmi toutes ces questions, celle de l'alimentation
nationale, c'est-à-dire celle des céréales, et plus par-

ticulièrement du blé, a naturellement occupé une des premières places.

Sous l'ancien régime, la suppression des famines et des disettes, d'une fréquence si redoutable, fut l'objectif constant de tous les pouvoirs, mais la réglementation sévère qui en résulta resta vaine.

De nos jours, l'invention de la vapeur, en transformant complétement les moyens de transports par terre et par mer a, en très grande partie, modifié le point de vue. Chacun veut avoir le pain à bon marché; et ni les disettes, ni les famines ne sont plus à craindre. Mais de plus, à l'heure actuelle, l'on désire une agriculture prospère et une industrie florissante. Ces deux aspirations peuvent-elles se concilier ? L'État doit-il intervenir ou laisser le particulier livré à lui-même ? Ce sont les solutions récentes que l'on a apportées à ce difficile problème que nous avons cru intéressant de reproduire et de discuter dans les pages qui suivent.

Bien des années, certes, se passeront sans doute, avant que l'on ait trouvé une solution définitive et satisfaisante à ces questions peut-être contradictoires. En France, l'État est intervenu. Pour assurer le pain à bas prix, il n'était pas besoin cependant d'une intervention supérieure. Les disettes n'étaient plus à craindre, avec d'autant plus d'évidence, que la Russie, l'Amérique, l'Inde étaient en mesure, chaque année de plus en plus facilement, de nous envoyer en peu de jours des quantités de grains presque illimitées.

Mais aussi, une préoccupation toute nouvelle avait surgi de ces circonstances ainsi modifiées. Dès les dé-

buts de ce siècle en 1816, alors que les blés russes
faisaient leur apparition sur nos marchés, elle s'était
présentée à l'attention générale. Inquiète de la baisse
sensible des cours qu'ils amenaient avec eux, l'agriculture demanda protection au Gouvernement contre
l'envahissement des blés étrangers. Ce fut l'origine
des premières mesures protectrices, proprement dites,
qui frappèrent les céréales.

Tel est aussi le point de départ de la législation que
nous nous proposons d'étudier. Ces premières tentatives nous retiendront cependant peu de temps et
notre attention se portera surtout sur la législation
protectionniste de 1885, aggravée à plusieurs reprises, et sous l'empire de laquelle nous vivons encore à
l'heure présente.

Si notre agriculture n'eut pas à souffrir pendant les
vingt années qui suivirent le régime libéral établi en
1861, les prix du blé baissèrent considérablement de
1880 à 1885, et cette dépression coïncida précisément
avec de considérables importations de grains américains et indiens. L'agriculture réclama, comme sanc-
tion à ses plaintes, une protection efficace de ses intérêts. Elle lui fut d'autant plus facilement accordée
qu'une sorte de vent de protectionnisme soufflait à ce
moment sur toute l'Europe : les États, les uns après
les autres, hérissaient leurs frontières de barrières
douanières, et déjà la France était entrée dans cette
voie par ses tarifs industriels de 1881. Il était difficile,
en bonne justice de refuser à l'un ce que l'on venait
d'accorder à l'autre.

L'ordre que nous suivrons dans ce travail est naturellement indiqué par les faits eux-mêmes. Après avoir constaté l'existence évidente d'une crise agricole intense, nous suivrons le développement de la campagne protectionniste et de la législation douanière qui en résulta. Nous essaierons, chemin faisant, de préciser les objections que lui opposèrent les libre-échangistes, puis d'en déterminer les conséquences véritables. Nous terminerons enfin, après quelques détails sur les mesures relatives aux autres céréales, par un exposé rapide des législations étrangères, protectionnistes et libre-échangistes (1).

---

(1) Il va de soi que, l'exactitude étant la base même d'une semblable étude, nous avons contrôlé avec le plus grand soin les chiffres que nous produisons. On remarquera, du reste, que nous nous sommes toujours inspirés, autant que possible des données officielles : *Bulletin de statistique du Ministère de l'Agriculture, Annales du Commerce extérieur, Journal Officiel.* Une bibliographie tant soit peu complète d'une question aussi controversée que celle du protectionnisme en matière de céréales, serait trop vaste pour qu'elle puisse raisonnablement trouver sa place ici. Les indications données dans les notes suffiront.

INTRODUCTION HISTORIQUE

Bien que la connaissance des origines historiques présente toujours autant d'utilité que d'intérêt dans un travail de ce genre, nous n'insisterons cependant pas longuement sur toute la période antérieure à l'année 1819, date à laquelle il conviendrait de placer, à notre avis, les débuts d'une politique douanière française proprement dite.

Sous l'ancien régime, aussi loin que l'on remonte, jusqu'à la date de 1789, les ordonnances, le plus souvent prohibitives, rendues sur les grains, ne semblent inspirées que du désir, du reste naturel, d'atténuer, dans la mesure du possible, les disettes et les famines désastreusement fréquentes à ces différentes époques.

Cette absence complète de réglementation systématique et précise en matière agricole, se retrouve également, mais, à un degré moins élevé, dans le nombre immense des mesures prises, parfois contradictoirement, par le pouvoir central et les municipalités à l'époque révolutionnaire.

A ce point de vue, l'impression laissée par la régle-

mentation impériale et celle des premières années de
la Restauration, est à peu de choses près identique,
et ce n'est qu'en 1819, probablement sous l'action
déterminante d'influences en grande partie extra-
économiques (1), que le Gouvernement tenta la première
application d'une politique douanière suivie et raison-
née. Les premiers essais de législation protectionniste
destinés, dans l'esprit de leurs auteurs, à favoriser le
développement de l'agriculture, ne donnèrent du reste,
pas de fort bons résultats et après avoir été modifiée,
ou même suspendue à plusieurs reprises, cette politique, connue sous le nom particulier de « Régime de
l'Echelle mobile », fit place, en 1860, à la réglementation plus libérale du second Empire.

C'est après l'exposé de cette loi de 1860 que nous
aborderons l'étude de la législation douanière moderne
des céréales, qui forme le sujet proprement dit de ce
travail.

§ 1

L'ANCIEN RÉGIME

Pendant toute cette immense période, la préoccupation permanente des gouvernements, toujours sous la
crainte des disettes et des famines (2), se traduit par

_____

(1) V. plus loin Introduction historique, § 3, p. 18.

(2) Ces craintes étaient d'ailleurs amplement justifiées :
d'après une statistique de Moreau de Jonnés, il y eut en France,
au XVIIe siècle, 33 disettes et 11 famines ; au XVIIIe siècle,

des mesures fréquentes, destinées à assurer les subsistances du pays ; généralement, la sortie des grains
du royaume est prohibée, et de sévères restrictions
rendent encore plus ou moins illusoires les rares
périodes de tolérance. A l'intérieur, les ordonnances
conçues dans l'intention d'assurer la libre circulation
du blé dans le pays, tendent au fond à dépouiller les
seigneurs et les autorités locales du pouvoir de réglementation. Mais le mauvais vouloir, l'opposition du
sentiment général, qui poussaient les provinces à
s'isoler pour ainsi dire entre elles, à garder jalouse-
ment par crainte des déficits futurs, le surplus de leurs
récoltes, eurent bientôt raison de toutes ces prescriptions, cependant renouvelées à de fréquentes reprises.

La résistance du paysan, qui se refusait à cultiver
plus que la quantité de blé nécessaire aux besoins
locaux, l'emporta et, en dépit des efforts d'esprits
larges et éclairés dont l'influence s'exerça à certaines
dates, les quelques mesures de liberté qui furent
prises sous leur inspiration ne restèrent que peu de
temps en vigueur.

Sous Richelieu, la libre exportation que Sully avait
établie à l'intérieur (en 1598) est supprimée en 1631.
Sous Colbert, le régime libéral, inauguré au début du
règne de Louis XIV, est fréquemment interrompu par
des mesures restrictives. Le commerce des céréales
n'échappe naturellement pas à la sévère réglementation de ce ministre : de 1669 à 1683, vingt-neuf arrêts

---

23 disettes et 9 famines. Il est vrai que la difficulté des com-
munications circonscrivait souvent à une seule province les
dévastations de ces fléaux.

divers sont rendus sur l'exportation des grains : 8 en autorisent la sortie, 8 l'interdisent, 13 la permettent avec des restrictions (1).

En somme, pendant toute cette période de l'histoire économique à laquelle on a donné le nom de « Période mercantile », la confiance générale dans l'action gouvernementale repousse dans l'oubli celle des forces économiques naturelles. Les commerçants en grains sont considérés comme des accapareurs qui, par leurs pratiques coupables, provoquent les famines et les disettes, et que l'on doit poursuivre sans merci. Nul ne songe aux vraies causes, aux difficultés sans nombre que rencontre la circulation des blés, à la quasi impossibilité des relations économiques de provinces à provinces, comme d'États à États, à l'instabilité de la législation, à l'hostilité des pouvoirs publics qui, par les obstacles qu'ils mettent à l'organisation du commerce des grains, empêchent la formation d'un appareil circulatoire indispensable et faussent ainsi tout un rouage de la vie économique. A tous, même aux plus clairvoyants, ces causes restent impénétrables.

Mais, si le ministère de Colbert peut être regardé comme le beau temps de ce système, ses effets désastreux ne tardèrent pas, comme on pouvait s'y attendre, à provoquer les protestations des premiers Économistes, et même, si l'on songe à la misère, conséquence des guerres et des difficultés financières des

---

(1) V. le détail de ces ordonnances et de cette réglementation dans Amé *Les tarifs de douane*, 1870, pp. 80 à 103, 1er tome ; et dans le *Dictionnaire d'Économie politique*, au mot « Céréales ».

dernières années du règne de Louis XIV, un certain
mouvement de réaction dans les sphères officielles.
Sur ce point, les plaintes grandissantes des Économistes ne restèrent pas sans influence.

Boulainvilliers, dans son *État de la France*,
Vauban, dans son *Projet de dîme royale*, décri-
virent la misère de la France et essayèrent d'en décou-
vrir les causes et les remèdes. Boisguilbert combattit
vivement le préjugé populaire contre la sortie des
grains, démontrant la nécessité de leur libre circulation pour réglementer les prix, et dans son réquisi-
toire contre les bas prix du blé, allant même jusqu'à
réclamer une hausse artificielle de sa valeur.

Pendant toute la période dite « physiocratique »,
l'agriculture prend sa part dans les préoccupations des
Économistes, et Vincent de Gournay, Dupont de
Nemours et tant d'autres continuent, avec un succès
grandissant, leur campagne ardente pour la liberté
des transactions.

Des conséquences pratiquent parvinrent enfin à
s'imposer. En 1763, les demandes des différents États
provinciaux, les réclamations des Sociétés d'agriculture arrachèrent au Gouvernement la suppression des
entraves intérieures (1); et l'édit. de juillet 1764 (2)
autorisa la libre circulation des grains à la frontière(3).

_____

(1) Déclaration du 2 décembre 1763. V. Recueil d'Isambert,
t. II, p. 393.
(2) Edit du 19 juillet 1764. *Ibid.*, t. XXII, p. 403.
(3) V. à cet égard la thèse de M. E. Gaudemet sur l'abbé
Galiani et le commerce des blés à la fin du règne de Louis XV.
Consulter aussi « Afanassier »: *le Commerce des Céréales en
France, au* XVIIIᵉ *siècle*. Paris, 1894 (traduction).

Si le blé n'était plus soumis qu'à un léger droit,
percevable à l'entrée comme à la sortie, si le commerce
était désormais libre, à condition d'en réserver le
transport aux vaisseaux français, et que l'exportation
cessât dès que les prix intérieurs atteindraient 12 livres,
10 sous par quintal, malheureusement les circonstances
accablèrent de coïncidences défavorables cette législation libérale, et de bonne heure les événements se tour-
nèrent contre elle : de mauvaises récoltes de 1767 à
1770, et les prix élevés qui en résultèrent, firent retom-
ber sur la libre exportation la responsabilité des
malheurs qu'ils causèrent. L'édit royal de 1770 (1)
interdit de nouveau la sortie hors du territoire.

L'avènement de Turgot au ministère vint rendre un
moment courage aux « Économistes », mais ce ne fut
pas pour longtemps car, si l'édit du 13 septembre 1774 (2) rétablit la liberté du commerce à l'intérieur
de la France, la chute de ce ministère, survenue
deux ans plus tard, consacra l'échec certain et définitif
des idées libérales. En effet son successeur, Necker, se
montra adversaire résolu de l'exportation des grains
et, encore une fois, l'on en revint à la minutieuse et
sévère réglementation des âges précédents.

---

(1) Arrêt du Conseil du 14 juillet 1770. V. Recueil d'Isambert,
t. XXII, p. 99.

(2) Arrêt du Conseil du 13 septembre 1774. *Ibidem*, t. XXIII,
p. 30.

§ 2

LA RÉVOLUTION ET LA PÉRIODE DES MESURES
DE CIRCONSTANCE

(1789-1819)

La Révolution trouva le régime des grains dans une situation comparable à celle du temps de Colbert : la circulation impossible, les marchands traqués, partout le pain en quantité insuffisante.

Sous la pression des vœux unanimes contenus dans les Cahiers, l'Assemblée Constituante s'efforça d'assurer la liberté de circulation des céréales qu'elle avait proclamée dès le 29 août 1789. Ce fut en vain, car elle n'avait pas l'autorité suffisante pour vaincre des résistances multiples, inspirées par des sentiments aveugles, datant de plus d'un siècle et provenant de la crainte des famines.

La situation s'aggrava. Effrayés par les violentes menaces que la Montagne prodiguait aux « accapareurs », les marchands n'osèrent plus faire circuler les céréales qu'ils se refusaient du reste à échanger contre des assignats dépréciés. Le triomphe de la Montagne, amena le décret du 4 mai 1793, qui, forçant tous les détenteurs de grains à livrer leurs marchandises, établissait pour eux un prix dit « maximum », puis la terrible loi du 27 juillet 1793, renforcée par celle du 12 germinal an II, qui punissait de la peine de mort les accapareurs, rendus responsables de tout le mal.

Peu après, la situation s'aggravant encore, on chargea une « Commission de subsistances (1) », de revendre à perte des grains achetés en France et à l'étranger.

Jamais expérience ne fut plus désastreuse et pourtant la réaction fut lente. La loi du maximum, sauf les restrictions que l'on maintint, ne disparut que le 25 décembre 1794. Fortement éprouvé encore par l'hiver de 1794-1795, le commerce des grains ne se releva que lentement de la ruine complète où l'avaient plongé les mesures draconiennes des dernières années. Le Directoire lui rendit enfin la liberté en janvier 1796.

Avec le Consulat et les premières années de l'Empire, nous entrons dans une période de tolérance pour les exportations. Mais, en 1810, une mauvaise récolte ayant provoquée une hausse des prix, des décrets impériaux interdirent à nouveau l'exportation (2). Par suite, c'était mettre les cultivateurs français dans une situation particulièrement défavorable, quand l'abondance d'une récolte pouvait leur donner l'occasion de recourir aux exportations.

Aussi un des premiers actes de la Restauration fut-il de lever sans restriction toute prohibition de sortie (3). Mais une liberté aussi nouvelle et aussi absolue, officiellement consentie, ne devait pas aller toutefois sans

---

(1) Cette Commission dépensa jusqu'à 300 millions par mois pour ses achats qui furent l'occasion de dilapidations scandaleuses. Que l'on se rappelle aussi le rôle politique si important que joua la question des approvisionnements pendant toute la Révolution : elle entre par exemple au premier rang parmi les causes de la marche sur Versailles, les 5 et 6 octobre 1789.

(2) Décrets des 22 juin, 11 juillet, 10 août et 1er novembre 1810.

(3) Ordonnance du 26 juillet 1814.

heurter des idées séculaires encore très puissantes.
Aussi la loi du 2 décembre 1814 restreignit elle l'exporta-
tation des grains à certaines conditions qui en limitaient
la tolérance au maintien de prix inférieurs à 23 fr.,
21 fr. et 19 fr. l'hectolitre, dans trois régions ou zones
déterminées.

Supprimée pendant les Cent jours, puis rétablie
par l'ordonnance royale du 3 août 1815, la liberté de
sortie des céréales fut compensée, après la disette causée
par l'invasion, par l'institution d'une prime d'importation de 3 francs par quintal de grains étrangers
importé.

En somme, si les hommes de la Révolution, ceux de
la Constituante du moins, eurent la vision d'une politique économique déterminée, sous l'Empire et dans
les premières années de la Restauration, le but pour-
suivi est aussi variable que les circonstances qui
l'expliquent. L'on persiste dans la voie suivie pendant
des siècles par des gouvernements uniquement préoc-
cupés d'assurer des réserves suffisantes de blé, en vue
des années de mauvaises récoltes.

Mais au moment où nous arrivons, par suite des
hasards des récoltes, des difficultés de notre agriculture désorganisée par de longues guerres, et aussi par
suite des importations, les prix du blé vont baisser.
Les propriétaires fonciers, directement atteints par
cette baisse des cours, feront entendre des plaintes
très vives; ils réclameront sur les importations des
taxes douanières qui puissent les mettre à l'abri de la
concurrence des grains étrangers et, l'influence dont
ils disposent, rendant leur appui indispensable au Gou-

vernement, ils obtiendront sans difficulté la consécration officielle de leurs exigences.

§ 3

LE RÉGIME DE L'ÉCHELLE MOBILE

(1819-1860)

L'abondance de la récolte de 1819 ayant amené
une baisse sensible du blé, les agriculteurs rendirent
leurs plaintes plus pressantes, bien que de 1810 à 1814,
l'hectolitre se fût maintenu à 21 fr. 34 en moyenne
(24 fr., 65 en 1818). Ils regrettaient, comme de juste,
les moyennes exceptionnelles de 1811 : 26 fr. 13 l'hectolitre, 1812 : 34 fr. 34, 1817 : 36 fr. 16 (1). Mais là
n'était pas la seule cause de la baisse de 1819, et il
faut bien en attribuer une part à la grande quantité de
blés russes, entrés à Toulon et à Marseille après l'invasion et la paix.

Les propriétaires fonciers, inspirés par l'exemple des
pays voisins : l'Angleterre, l'Espagne, le Portugal, la
Sardaigne, qui avaient établi des droits de douane restrictifs, s'adressèrent au Gouvernement pour obtenir
des mesures protectrices. Ce dernier, car c'est le lieu
ici d'insister sur l'influence parfois prépondérante, et
en tous cas toujours très grande, qu'ont exercée d'une
manière permanente sur les tarifs douaniers, les intentions purement politiques et les coalitions d'intérêts

---

(1) V. Amé, *Les tarifs de douanes*, p. 109.

privés et corporatifs (1), ce dernier, dis-je, poussé par la nécessité de grouper autour de lui les représentants de la grande propriété, comme il tentait de le faire au même moment pour ceux de la grande industrie naissante, se montra favorablement disposé vis-à-vis de ces demandes.

Comme il l'avait fait pour les produits de l'industrie étrangère, il consentit à relever les droits sur les produits agricoles. Le 30 mars 1819, M. Decazes, ministre de l'Intérieur, déposa le projet sur le bureau de la Chambre. Quelques rares protestations s'élevèrent, et Voyer d'Argenson et Benjamin Constant furent presque les seuls à prendre la défense de la liberté des importations : le projet fut adopté sans autres incidents. le 26 juillet 1819 (2).

Par cette loi, complètement débarrassée cette fois du caractère de mesure de circonstance, si général jusqu'alors, l'on semblait se rattacher à des intentions plus vastes et plus déterminées. Nous touchons à une orientation tout à fait nouvelle de la politique douanière et agricole de la France (3). Pour la première fois, des droits d'entrée assez élevés sont établis sur des denrées de première nécessité, car le but matériel de la loi était de fixer le cours du blé à un prix moyen de 19 à 20 fr. l'hectol. et à des cours extrêmes de 16 à 26 fr. C'est le système employé pour arriver à ce résultat, qui fut baptisé du nom d' « Echelle mobile ».

(1) V. l'article de M. Lavollée dans la *Revue des Deux Mondes* du 1er mars 1891, p. 111.

(2) Par 134 voix contre 28.

(3) Le tarif général du 28 avril 1816 avait déjà établi une lourde protection sur les produits industriels.

Voici quelles en étaient les principales dispositions: elle établissait un droit de 0 fr. 25 par hectol. de blé et de 0 fr. 75 par quintal de farine arrivant dans nos ports par navires français; pour les navires étrangers le droit était porté à 1 fr. 25, pour le blé.

A côté de ce droit fixe, fonctionnait un droit supplémentaire variable : la France se répartissait au point de vue douanier, en trois zones et en trois classes de prix. L'on avait remarqué, en effet, que les cours du blé s'élevaient toujours plus haut dans le midi que dans le nord, car le sud de la France, ne produisant pas tout le blé nécessaire à sa consommation, se trouvait forcé d'en acheter d'importantes quantités. Aussi, au moyen de ce système de zones, les droits d'entrée devaient donc monter de 1 fr. à mesure que les prix descendaient au-dessous de 23, 21 et 19 fr. dans la 1re 2e et 3e zône. S'il tombaient au-dessous de 20, 18 et 16 francs, l'importation était prohibée. Enfin, le *Moniteur* (journal officiel de l'époque), devait publier le 1er de chaque mois un relevé des cours, ce qui permettait par conséquent 12 changements de tarifs douaniers par an sur les céréales.

Cette loi, si bien calculée qu'elle parût, n'atteignit cependant pas son but car, à la suite des bonnes récoltes de 1818, 1819, 1820, le blé tomba trois fois au-dessous de 20 fr. ; de plus, la faiblesse des importations (700.000 hectolitres en 1819) annihila, de ce côté aussi, l'effet des tarifs douaniers : en 1819, le taux moyen de l'hectolitre fut de 18 fr. 43; il tomba, en 1820, à 16 fr. 60.

Le peu de résultat de ces premiers essais de protectionnisme décida les agriculteurs à réclamer, en 1820, une aggravation de la législation. Cédant partiellement à leurs exigences, le Gouvernement, par une disposition de la loi du 7 juin 1820, porta à 1 fr. 25 par hectol. le droit permanent pour le blé, et à 2 fr. 50 celui qui frappait le quintal de farine n'arrivant pas directement, sur navires français, des pays producteurs : Russie et Egypte. Dans le cas contraire, les taxes primitives s'appliquaient.

Néanmoins, la situation ne s'améliora point, et le 8 mars 1821, un nouveau projet de loi plus sévère, fut proposé à la Chambre : celle-ci soumise aux influences protectionnistes et réactionnaires(1), l'adopta le 4 juillet suivant (par 282 voix contre 54), malgré une vive résistance de la gauche.

Les départements côtiers et frontières se répartissaient en 3 classes : l'importation était interdite dans chacune d'elles, aussi longtemps que le prix du blé indigène, donné par les mercuriales de certains marchés désignés d'avance, ne s'élèverait pas au-dessus de 24, 22 et 20 francs, dans les 1re, 2e et 3e classes. Ces prix une fois atteints, l'importation était autorisée par cela même, moyennant un droit décroissant de 1 franc, à mesure que le prix du grain s'élèverait d'autant. Si les prix dépassaient 25, 23, 21 fr., selon les classes, toute exportation était défendue.

Le droit pouvait donc varier de 3 fr. 25 à 0 fr. 25 par hectolitre si le blé arrivait par mer, sur

(1) Elle était élue par les « censitaires » de 500 francs ; et aggrava encore le projet ministériel. Elle porta par exemple, le droit de 3 francs proposé sur le bétail, à 30 fr. d'abord puis à 50 francs.

bateau français, et directement du pays d'origine. S'il passait par la frontière de terre, il payait au contraire une surtaxe de 1 fr. 25 par hectol. dite « surtaxe de pavillon étranger » et destinée, en effet, à compenser celle qui frappait le blé transporté par navire étranger. Tout en devant favoriser le développement de notre marine marchande, l'on voit quelles énormes complications cette multiplicité des taxes apportait au commerce des grains.

Comme celles qui l'avaient précédée, cette loi n'atteignit nullement le but que l'on s'était proposé : de bonnes récoltes rendirent les importations insignifiantes et par suite les droits inefficaces ; les prix baissèrent rapidement.

Voici le prix moyen annuel de 1821 à 1832 (1) :

1821	17f,29	1825	15f,74
1822	15 49	1826	15 85
1823	17 52	1827	18 21
1824	16 22	1828-1832	22 23

Dans la 1re classe à Marseille, de 1821 à 1830, l'importation ne fut permise qu'une seule fois, en février 1828.

Les plaintes des propriétaires se renouvelèrent. On rejeta la cause de ce nouvel insuccès sur une entrée considérable et répétée de grains étrangers, faite en fraude, à la faveur du régime de « l'Entrepôt fictif », c'est-à-dire de l'entrée sans taxe de grains destinés à la réexportation. Cet entrepôt fictif, que l'on n'accordait primitivement qu'aux denrées coloniales françaises,

---

(1) V. M. de Foville : la *France économique*, p. 95.

s'était étendu peu à peu aux blés étrangers dans les ports et dans quelques villes frontières, par une tolérance de l'article 14 de la loi c. 27 juillet 1822 (1). Mais la surveillance et les formalités douanières de cet entrepôt rendaient presque impossible l'entrée par cette voie, d'une quantité vraiment appréciable de grains. Néanmoins, la loi du 15 juin 1825, supprima l'entrepôt fictif pour les céréales.

Entre les chiffres cités plus haut, qui sont des moyennes générales pour toute la France, et ceux des régions différentes du royaume et éloignées entre-elles, de mauvaises récoltes locales (en 1828 et 1829) avaient déterminé des écarts considérables : à la même date, le blé valait 15 francs dans la Marne et 27 francs dans le Gard. Ce fut l'occasion de plaintes nouvelles qui amenèrent la mise à l'étude d'un projet de loi nouveau et aboutit au vote de la loi du 20 octobre 1830, qui, du reste, ne fut que peu de temps en vigueur.

En aucun cas les droits ne devaient dépasser 3 francs par hectolitre. Comme la distinction de provenance avait nui au développement de la marine, en ralentissant le mouvement maritime, toute différence de ce genre fut supprimée et la surtaxe de pavillon étranger fut seule maintenue. Par le même règlement, l'entrepôt fictif, dont la suppression n'avait fait que gêner le commerce sans aucun résultat, fut rétabli.

Cette loi, et surtout celle qui la suivit dès 1832, marque clairement, les débuts d'une période nouvelle

---

(1) Loi de douane. V. Duvergier, juillet 1822, p. 32. L'article 14 prévoit le cas où des grains étrangers seraient mis en entrepôt fictif.

de notre législation douanière, dans laquelle tout en conservant encore le principe de l'Échelle mobile, les tendances libérales, qui commençaient déjà à se manifester dans le pays, reçurent leur première consécration officielle.

Dès le 17 octobre 1831, le Gouvernement proposa de rendre la loi de 1830 définitive, tout en y introduisant quelques modifications pour supprimer certains défauts. La surtaxe du pavillon devait être définitivement abrogée et remplacée, ainsi que les anciennes prohibitions, par des droits d'entrée graduellement calculés. Mais grâce aux efforts de la commission qui regardait ces dispositions comme trop libérales, la loi qui fut votée, le 15 avril 1832, reproduisit presque intégralement celle de 1821: l'entrepôt fictif était de nouveau supprimé, la surtaxe de pavillon maintenue et des droits, intimement liés aux variations des prix du blé apparaissant à un certain degré de baisse et s'accroissant avec ses progrès, remplaçaient les primitives prohibitions; les classes subsistaient avec des taux différents, de 2 à 4 francs plus élevés dans le midi que dans le nord, afin de permettre à celui-ci d'écouler sa récolte dans le sud du royaume. Pour le blé la surtaxe d'importation augmentait de 1 fr. 50 par chaque franc de baisse; celle de la farine était triple de la taxe du blé. On fixa les droits de douane d'une manière analogue et on leur permit d'atteindre jusqu'à 4 francs par hectolitre. Mais la suppression des prohibitions était le fait plus particulièrement digne d'attention.

Tout d'abord, comme l'on s'attendait, sans doute, à remanier sous peu les tarifs sous l'influence de cette

loi, son application fut déclarée provisoire jusqu'au
1er juillet 1833. Mais le blé étant tombé, presque simul-
tanément à 16 fr. 62 (moyenne de l'année 1833), le Gouvernement la prorogea jusqu'à « la revision des
tarifs », et c'est ainsi, qu'à part plusieurs larges suspensions, dont l'une dura de 1853 à 1859, elle resta en
vigueur jusqu'en 1860.

Cependant, sous l'influence de l'important mouvement antiprotectionniste qui se manifestait en ce
moment en Angleterre (1), un essai de réaction libérale
fut tenté par Thiers. Cet illustre homme d'État, alors
ministre du commerce, exposa en 1834 les intentions
du Gouvernement sur la réduction des tarifs douaniers
et l'établissement de traités de commerce. Mais la
réforme fut repoussée, après avoir été victorieusement
combattue par l'Association des Maîtres de forges et
des grands manufacturiers qui formaient un groupe
nombreux et puissant à la Chambre, et avaient tout
intérêt à conserver la possession exclusive du marché
intérieur. A part quelques légères modifications de
tarifs, le système protecteur resta intact pendant toute
la monarchie de juillet, suffisamment protégé par
l'intérêt politique du Gouvernement.

Si ingénieuse et savante que fût cette législation
habile mais trop compliquée, les résultats qu'elle donna
furent en somme défavorables, surtout par les variations considérables de prix dont elle fut l'origine. La
limitation du prix des classes n'était pas d'accord avec
les prix réels du marché, des fraudes se produisaient

(1) Réformes considérables qui s'accomplirent en 1846.

B   3

tandis que l'instabilité des cours contribuait à entraver le commerce.

D'autre part, comme l'espoir de hauts prix, grâce à la protection, avait naturellement poussé les agriculteurs à multiplier leur production de blé, l'abondance qui en résulta amena à sa suite un affaissement des cours. Quelques chiffres seront instructifs à ce point de vue :

1820 — 4.700.000 hectares ensemencés en blé....... 44.300.000 hectol.
1840 — 5.500.000 hectares ensemencés en blé....... 80.900.000 hectol.
1860 — 6.700.000 hectares ensemencés en blé....... 101.600.600 hectol.

Mais il faut tenir compte, il est vrai, de ce que ces années furent particulièrement abondantes.

Quant aux prix, ils se maintinrent généralement assez bas et, entre 1819 et 1861, pendant 27 ans sur 42, ils ne dépassèrent pas 20 francs. Parfois aussi, comme en janvier 1835, où ils descendirent à 15 fr. 35 dans la première classe, les droits atteignirent des chiffres vraiment prohibitifs.

Ce régime des classes fut aussi l'occasion d'anomalies très regrettables : ainsi, sans l'existence des droits les départements du Midi auraient pu, dans les années de hauts prix, se procurer du blé russe à 16 ou 18 francs l'hectolitre, tandis que les dispositions de la loi les obligeaient à s'approvisionner de céréales dans le nord de la France, à des taux très supérieurs de 25 ou 26 francs l'hectolitre.

De même, la diminution des récoltes, conséquence

directe de la diminution des emblavements (1),
coïncidant fréquemment avec des circonstances
atmosphériques défavorables, les prix s'élevaient
brusquement, et l'Échelle mobile, qui n'avait pu arrêter la baisse des prix, restait impuissante vis-à-vis des
fortes hausses.

C'était bien ce qu'avait prévu la loi de 1832, en autorisant le Gouvernement à suspendre momentanément
les taxes quand les prix atteindraient un taux trop
élevé. Cette mesure fut appliquée le 28 janvier 1847, à
la suite de la mauvaise récolte de 1846; d'abord limitée
à 6 mois, la suspension fut prorogée d'un délai égal
(22 juillet 1847), les prix continuant à monter.

Mais ce fut sans résultat car, prise trop tard, la
mesure ne permit pas aux importations de venir à
temps combler les vides. La même année, le prix
moyen mensuel le plus élevé fut de 39 fr. 65, le prix
moyen annuel fut de 29 fr. 01. Dans le Bas-Rhin, les
prix ayant même atteint pendant quelques jours le
prix énorme de 49 francs, des troubles assez violents
se produisirent.

Quelques années plus tard, à la suite d'une série de
mauvaises récoltes (de 1853 à 1856) l'Échelle mobile, qui
avait été rétablie le 1er février 1848, fut de nouveau
supprimée par le décret du 18 août 1853, et cette fois,
pour ne plus être remise en vigueur qu'en 1859,
quelques mois avant sa suppression définitive. La

---

(1) Terme désignant les surfaces ensemencées en blé. — Le
phénomène dont nous parlons suivait le plus souvent des
années de bas prix, pendant lesquelles les propriétaires diminuaient leur production de blé.

suspension survenant à temps, les prix mensuels ne dépassèrent pas 30 fr. 50.

Et en effet, il n'est possible de prévenir ces crises alimentaires qu'à une seule condition qui est d'agir avant leur éclosion et de prévenir ainsi la panique qui en résulte inévitablement, par des mesures propres à permettre aux arrivages de venir atténuer le déficit des céréales.

Jamais les variations ne furent plus fortes que sous ce régime douanier, fort bien caractérisé par M. Rouher, dans un discours qu'il prononçait à la Chambre, le 21 février 1882, contre les propositions de droits sur les céréales : « ..... héritiers, disait-il, de cette Échelle « mobile qui, semblable à une pendule agitée, mais « toujours en retard et ne marquant jamais l'heure, « n'arrivait jamais à temps pour favoriser l'impor- « tation en cas de disette, ni assez tôt pour faciliter « l'exportation en cas d'abondance (1). »

C'est à cette période que l'on vit à la fois les prix les plus bas et les plus élevés :

1846 : taux moyens annuels.. { Centre 10 fr. } et plus. { Est ... 18 fr. }

1850-1851 : taux moyens et annuels, 14 fr. 32 et 14 fr. 48.

Vers 1859, la deuxième suspension de l'Échelle mobile ayant donné de bons résultats, sa suppression complète fut mise à l'étude. Un instant rétablie en 1859 (2), la loi du 25 juin 1861 l'abrogea définitivement. Elle n'a jamais été remise en vigueur depuis.

---

1. *Journal officiel* du 22 février 1882, p. 2,063.
2. Décret du 12 mai 1859. V. Duvergier 1859, p. 99.

§ 4

Le Régime libéral de 1861

La conclusion du traité de commerce avec l'Angleterre, qui inaugura la politique économique libérale, fut un véritable coup de théâtre, dont les raisons véritables restèrent toujours plus ou moins impénétrables. Il est difficile, en effet de déterminer si l'on doit y voir, de la part de l'Empereur une véritable conversion libre-échangiste ou une simple manœuvre de politique étrangère. Toujours est-il que, par ses prescriptions nouvelles, des taxes de 10 % au minimum et de 20 % en moyenne étaient substituées aux anciennes prohibitions.

Dans le même temps, pour les céréales proprement dites, le Gouvernement présenta, le 21 mars 1861, sur l'initiative personnelle de l'Empereur et malgré l'opposition du Sénat dont les menaces avaient peu auparavant arraché le rétablissement de l'Échelle mobile, un projet de loi très libéral, qui devait débarrasser le commerce des grains des entraves qui en empêchaient le développement. Ce projet, adopté finalement au Corps législatif, par 240 voix contre 228, grâce à l'initiative impériale qui allait, dans cette circonstance, à l'encontre de l'opinion dominante, devint loi le 15 juin ; ce fut la charte du régime, dit libéral, de 1861 : un simple droit fiscal de 0 fr. 50 par quintal de froment et de 1 fr. par quintal de farine (1 fr. pour le blé et 1 fr. 50 pour la farine, en cas de transport par navires

étrangers) (1), devait frapper les importations. Cette
période de liberté, sans provoquer ni disette ni famine,
dura jusqu'en 1885, et put assurer par la libre exportation une fixité relative des cours. La stabilité des
prix de vente permit à l'agriculture de se développer
avec sécurité, au commerce de s'organiser, et fit de
Marseille en particulier, un des centres régulateurs
des prix du blé pour le marché européen.

Les quelques détails qui suivent montreront du reste
plus clairement les bons effets de la loi de 1861.

En 1861, une mauvaise récolte ne produisit que
75 millions d'hectolitres, pour une consommation d'au
moins 90 millions d'hectolitres ; c'était à peu de choses
près un déficit équivalent à celui de 1846 ; mais les
mesures prises furent toutes différentes cette fois.

En 1846, l'on supprima l'Echelle mobile et la surtaxe
de pavillon ; l'on toléra le cabotage par navires
étrangers, les droits de navigation intérieure furent
suspendus, et la Banque de France emprunta 50 millions de francs à la Russie (contre dépôt de rentes)
pour faciliter les opérations des importateurs de blé.
Et malgré toutes ces mesures, le prix du blé se maintint en moyenne à 29 fr. 01 (en 1847).

En 1861, au contraire, par la seule liberté du trafic
des céréales et la stabilité des tarifs, sans aucune
mesure spéciale prise par le Gouvernement, par le seul
fait d'importations faites à temps, les prix restèrent

(1) Etablie par la loi du 28 avril 1816, cette surtaxe de pavillon
ne fut supprimée que par la loi du 19 mai 1866. Rétablie le
30 janvier 1872, la loi du 28 juillet 1873 l'abrogea définitivement.

fixés à une moyenne de 25 fr. 25 l'hectolitre ; et descendirent dès l'année suivante à 23 fr. 24.

La liberté d'importation ne produisit pas de moins
bons résultats dans les années d'abondance : tandis
que, sous le régime de l'Echelle mobile, les prix moyens
variaient entre 19 fr. 13, pendant la bonne récolte de
1820, et 16 fr. 50, pendant les six années qui suivirent
la loi très protectrice de 1821 ; (1) sous le régime
libéral au contraire ils se maintinrent, de 1862 à 1865,
à 19 fr. 23 malgré de bonnes récoltes.

Donc, avec des récoltes équivalentes, le blé se maintenait à un cours de 4 fr. plus élevé que sous le régime
précédent. (2).

Si l'on examine les faits de près, l'on voit cependant
que ces résultats n'avaient rien que de très naturel.
Sous un régime libéral, en effet le commerce des grains
s'organise ; en cas de déficit, il procède à temps aux
importations nécessaires ; en cas d'abondance, il
exporte le surplus des céréales et maintient ainsi les
prix plus élevés que si le stock entier des céréales
restait à peser sur le marché français, sans pouvoir
s'écouler au dehors.

(1) 16,60 de 1827 à 1837 et même 12,50 l'hectolitre en Normandie
en 1850, soit en somme pendant 20 années de protection 1841-
1860 (a) un prix moyen de 20 fr. 89 avec maximum de 30,75 en
1856, et minimum de 14,32 en 1850.

(2) V. M. Lecouteux, Le blé p. 386 et 387, cours professé à
l'Institut national agronomique.

(a) Il faut tenir compte, il est vrai, des suspensions de l'Echelle
mobile. V. plus haut.

Cependant, les résultats heureux de ce régime n'empêchèrent pas les protestations de se produire. En 1863, une bonne récolte se trouva très inégalement répartie, et, cédant aux plaintes, le Gouvernement ordonna en 1866 une enquête sur la situation de l'agriculture qui invoquait la baisse des grains (moyenne de 1865 : 16 fr. 41). Sur ces entrefaites, M. Pouyer-Quertier demanda un droit protecteur de 2 fr. comme compensation des charges fiscales supportées par les cultivateurs ; et, M. Thiers qui depuis 1849, était devenu protectionniste, prêta à ces réclamations l'appui de son autorité. Il fallait, affirmait-on, assurer par ce droit de 2 fr. un bénéfice légitime au cultivateur, puisque le prix de vente dépasserait alors de 1 ou 2 francs le prix de revient, estimé à 17 ou 18 fr. par hectolitre.

Mais la publication de l'enquête de 1866, qui montra l'agriculture assez satisfaite du régime économique en vigueur, détermina l'échec de ces tentatives : le projet protectionniste, proposé à la discussion du Corps législatif, fut repoussé par 192 voix contre 37.

Depuis ce moment, bien que la crainte d'une mauvaise récolte eût fait remonter les prix à 19 fr. 64 en 1866 et 26 fr. 19 en 1867, leur moyenne resta ferme jusqu'en 1878 et les plaintes de l'agriculture s'arrêtèrent pendant quelques années.

A cette date, sous l'influence du puissant courant protectionniste qui gagnait peu à peu tous les pays d'Europe, une réaction violente, favorisée encore par la crise agricole qui commençait à sévir sur notre pays, se fit jour contre la politique libérale de l'Empire. Admirablement menée, la campagne triompha, et la France une fois entrée, aussi bien en matière industrielle qu'agricole, dans la voie du protectionnisme, ne sut ni s'arrêter ni garder même une mesure dans les concessions toujours plus largement consenties aux nouvelles idées.

CHAPITRE PREMIER

Les causes de la Crise agricole

La crise agricole sérieuse qui suivit le régime libéral de 1801, se traduisit de deux manières principales: par l'élévation des prix de production des denrées agricoles et par la baisse simultanée des prix de vente du blé. On en rattache l'origine à deux causes: la grande production des céréales dans notre pays et la concurrence grandissante des grains étrangers. Ce dernier point nous amènera ainsi à envisager les conditions de la production du blé hors de France et principalement dans les deux grands pays exportateurs, les États-Unis et les Indes.

De 1860 à 1879, l'agriculture s'était maintenue en France dans un certain état de prospérité. L'évaluation nouvelle de la propriété bâtie, prescrite par la loi du 9 août 1879, montra que la valeur de notre territoire agricole avait augmenté de 30 % dans les vingt-huit dernières années, soit de plus de 30 milliards (1), et que, de 1850 à 1879, les fermiers avaient réalisé des bénéfices considérables.

Mais en 1879, la récolte, déjà très faible l'année précédente, fut très mauvaise (2), ainsi qu'en 1880 et en 1881. Malgré le déficit de notre production, les prix ne se relevèrent pas et de vives plaintes et des doléances unanimes (3) éclatèrent de tous côtés dans le monde agricole. L'on s'en prit aux importations de céréales étrangères, et l'établissement de droits protecteurs élevés parut le seul remède capable de mettre fin à l'affaissement des cours. Sur ces entrefaites, l'enquête agricole décennale de 1882 vint donner des preuves évidentes de l'existence d'une crise agricole très réelle; le loyer de la terre s'était avili, en même temps que la vente du blé cessait d'apporter une rémunération suffisante aux cultivateurs (4).

De nombreuses propositions de loi, dont nous parlerons dans l'exposé de la législation, furent déposées à la Chambre pour remédier à cette situation. Toutes concluaient à l'établissement de droits plus ou moins élevés sur les céréales.

---

(1) Article de M. Rissler. *Revue des Deux-Mondes* du 1er février 1885.

(2) En 1879, la récolte du blé ne fut que de 79.350.000 hectolitres, au lieu de 102.000.000 hectolitres, chiffre moyen de la décade.

(3) *Journal des Économistes*, février 1881, p. 216 (article de M. Levasseur sur la crise agricole).

(4) V. les résultats de cette enquête agricole générale dans un article de M. Zolla (*Annales agronomiques* de 1882, p. 1732).

Le rapporteur de la commission d'examen de ces projets, M. Graux, prit comme preuve à l'appui de son discours, la situation de la culture dans l'Aisne, département qui avait été particulièrement éprouvé (1). Il rappela qu'en février de la même année, M. de Saint-Vallier avait déjà fait au Sénat un sombre tableau de la misère qui pesait sur l'agriculture de ce département : dans l'arrondissement de Laon, 135 fermes étaient abandonnées, 5.114 hectares de terre restaient incultes, les baux avaient baissé d'un quart ou de moitié; et l'on constatait une diminution analogue dans la valeur des terres. Cependant, l'Aisne n'était pas une région de culture arriérée et le Bulletin du Ministère des travaux publics nous apprend qu'en cette même année, le rendement de blé à l'hectare (22 hectol. 70) y atteignit un chiffre très supérieur à la moyenne générale du reste du pays.

L'enquête que la Chambre avait ordonnée sur la demande du Ministre de l'agriculture, pour vérifier l'exactitude de ces évaluations (2), les confirma de tous points (3). Il était évident, comme le démontra M. Leconteux, le commissaire enquêteur, que la petite culture travaillait avec perte, et les doléances presque unanimes de tous les comices agricoles, partisans de taxes protectrices, démontraient la réalité de cet état de choses.

Les deux causes principales, énumérées plus haut, provenaient de plusieurs circonstances.

---

(1) *Journal Officiel*, Chambre, documents, 1884, p. 1732.
(2) Enquête ordonnée par décret du 1er mars 1884.
(3) *Journal Officiel*. Chambre : doc. 1884, p. 1733.

Pour l'élévation du prix de production, c'étaient le poids très lourd des impôts qui pesaient sur l'agriculture, — le morcellement du sol, — le changement survenu dans les conditions d'existence des cultivateurs, — la hausse des salaires, etc...

Pour la baisse des prix de vente, la grande production intérieure des céréales et la concurrence étrangère sous forme d'importations.

L'impossibilité évidente de remédier, par une législation douanière, à l'élévation du coût de la production, nous permettant de passer plus rapidement sur les causes qui l'ont déterminée, nous porterons particulièrement notre attention, dans la suite de ce chapitre, sur la baisse des prix qui en forme le second point.

SECTION A

Causes de l'élévation des frais de production

§ 1

INFLUENCE DES CHARGES FISCALES SUR L'AGRICULTURE

Toutes réserves faites sur l'absence inévitable de chiffres absolument certains et précis en de semblables calculs, la part qui revenait à l'agriculture dans notre budget était passée d'environ 449.453.000 francs en 1869, à 611.434.420 francs, en 1883 (1). Parmi les impôts qui la grevaient : personnel, mobilier, foncier, portes et fenêtres, prestations, enregistrement, centimes départementaux et communaux, ces derniers à eux seuls qui, en 1838 montaient à 32 millions, avaient atteint, en 1885, le chiffre de 150 millions.

Le revenu foncier agricole de la France étant estimé à environ 2 milliards 645 millions, plus de 25 % de cette somme était donc annuellement distraite en 1883, par les impôts supportés par l'agri-

---

(1) V. *Officiel*, Débats de la Chambre ; séance du 10 février 1885 ; discours de M. Méline, ministre de l'agriculture. — Chiffres cités d'après les calculs du directeur de l'agriculture.

culture (1). Ces charges étaient bien supérieures
à celles que supportaient les autres branches de la
propriété : par exemple, le revenu de la propriété
urbaine, estimé à 2 milliards, payait 340 millions
d'impôt, soit 17 °/₀ ; la propriété mobilière, dont le
revenu était d'environ 3 milliards 985 millions, payait
près de 150 millions, soit 4 °/₀.

Enfin, en regard de cette progression considérable
des impôts, malgré les améliorations apportées à la
culture, l'on constate de 1860 à 1884, une certaine
diminution du revenu net de la propriété foncière.
L'origine de cette énorme augmentation des charges
publiques n'est malheureusement pas difficile à décou-
vrir ; elle repose dans les résultats immédiats de la
guerre de 1870 qui, tout en nous coûtant 9 milliards
et en enlevant un très grand nombre de bras à l'agriculture, provoqua la création de 7 à 800 millions
d'impôts nouveaux.

§ 2

MORCELLEMENT DU SOL

Le sol cultivable était entièrement morcelé. (Il l'est
du reste encore à l'heure actuelle.) Il y avait en 1885 ;
14.271.000 cotes foncières, dont 10.426.368 (soit

(1) Et cette proportion s'élevait même à 30 °/₀, si l'on tient
compte des impôts de consommation payés par les agriculteurs comme par les autres classes de la population. Ces chiffres
correspondent d'ailleurs à ceux cités par M. Graux, dans l'exposé
des motifs de son projet de loi sur l'établissement de taxes
protectrices sur les céréales. V. *Journal Officiel*, Chambre :
doc. parlement, 1884, N° 3143. Tous ces chiffres n'ont du reste
qu'une exactitude relative.

74.09 %) de 2 hectares et au-dessous: 2.174.188, de 2 à
6 hecta. (soit 15.47 %) (1) et seulement 49.243 de plus
de 100 hecta. (soit 1 4 du territoire), grandes parcelles
dont le nombre paraît élevé au premier abord, mais
dont fort peu, au total, appartiennent à des terres de
bonne qualité ou sont des propriétés privées propre-
prement dites. Ces grandes parcelles se rencontrent
en effet surtout dans les pays forestiers ou montagneux,
c'est-à-dire dans les départements souvent les plus
pauvres, et appartiennent en majeure partie aux
communes. Les petites cotes se trouvent au contraire
dans les régions riches où domine la petite culture.

Ce morcellement si développé, était dû particulièrement à nos lois de succession et à la passion du
paysan pour la terre; et souvent plusieurs de ces petits
champs, appartenant au même propriétaire, étaient
répartis (et ceci existe encore aujourd'hui presque
sans changements) dans plusieurs lieux différents de la
même commune. Les inconvénients de ce morcellement infini sont nombreux (2): le labour s'effectue
peu facilement; les améliorations sont difficiles à
faire; par suite des multiples enclaves, les apports
d'engrais et de fumiers, les drainages, etc., sont loin
d'être facilités.

Les inconviénients de ce système de morcellement
ne s'étaient fait sentir que depuis peu, en mettant des
entraves à l'extension des machines agricoles, et à

---

(1) V. *Bulletin de statistique du Ministère des finances:*
1883, II, p. 646, et août 1884, p. 156.
(2) V. chapitre VI, I, par. 1 p. 163: les moyens employés en
Allemagne pour remédier à ce morcellement.

l'emploi des nouvelles méthodes de culture perfec-
tionnée.

§ 3

MODIFICATIONS DANS LES CONDITIONS D'EXISTENCE DES CUL-TIVATEURS : HAUSSE DES SALAIRES RURAUX, ETC.

S'il est incontestable que les conditions d'existence
des habitants des campagnes soient toujours allées
s'améliorant et que l'on doive surtout s'en réjouir, au
point de vue de l'hygiène des habitations et de la
meilleure qualité de la nourriture, il n'en est pas moins
vrai que l'augmentation souvent excessive des dépenses
de toilette et de celles, plus fortes et plus fréquentes,
d'auberge et de cabaret, est un fait que l'on ne peut
que constater avec regret, à tous points de vue ; il y
a là l'occasion de très grands frais qu'il est difficile
d'évaluer.

Tandis que l'industrie, par la rapidité de ses trans-
formations, se trouvait à l'abri des inconvénients de
l'accroissement considérable des salaires, dans les campagnes au contraire, la lenteur inévitable de tout changement de méthode exposait, sous ce rapport, l'agriculture à de vives souffrances. L'espace de temps beaucoup
plus étendu qu'exigent dans la culture l'application des
procédés nouveaux et la mise en service des machines
perfectionnées, mettait au développement de la puissance de rendement de l'ouvrier agricole des obstacles
de longue durée. Tandis que l'ouvrier industriel, fa-

vorisé par les perfectionnements de l'outillage moderne, produisait un travail dix ou cent fois supérieur à celui de 20 ou 30 ans auparavant, et voyait par là-même ses salaires progresser sans cesse, l'ouvrier agricole au contraire, dont la puissance de production n'augmentait que très lentement, quittait les champs pour la ville, attiré par l'appât d'un gain supérieur et par l'attrait d'une vie qui lui semblait moins pénible et plus agréable.

Cette émigration eut aussi un contre-coup sur le taux des salaires ruraux : la demande restant la même alors que l'offre diminuait sensiblement, ils subirent un accroissement notable. L'enquête agricole de 1882 fournit les renseignements suivants (1) :

Salaires	1862	1882	Augmentation
Maîtres-Valets............	361 francs	465 francs	104 francs
Laboureurs et Charretiers...	256 »	324 »	68 »
Bergers................	230 »	290 »	60 »
Servantes de Ferme.......	130 »	235 »	105 »

(1) V. l'*Economiste français* du 7 août 1888 ; p. 422.

Causes de la baisse des prix du blé

Après avoir jeté les yeux sur le tableau des cours
du blé de 1871 à 1885 (1), voyons d'abord dans quelle
mesure se produisit cette baisse et avec quelle préci-
sion nous pouvons en déterminer les conditions.

1871....	25f.65 l'hectol.	1879....	21f.92 l'hectol.
1872....	23 45 —	1880....	22 90 —
1873....	25 62 —	1881....	22 28 —
1874....	25 11 —	1882....	21 51 —
1875....	19 32 —	1883....	19 21 —
1876....	20 59 —	1884....	17 89 —
1877....	23 44 —	1885....	16 80 —
1878....	23 » —		

La moyenne quinquennale de cette période de
15 ans :

$$1871 - 1875 = 23 \, fr.97$$
$$1876 - 1880 = 22 \quad 36$$
$$1881 - 1885 = 20 \quad 99$$

nous donne une idée exacte de la baisse considérable
qui s'opérait dans les cours depuis 1879. Entre les prix
de 1878 : 23 fr., et ceux de 1885 : 16 fr. 80, il y avait

_____

(1) V. de Foville : *la France économique*, p. 95.

une différence de 6 fr. : entre les moyennes quinquennales 1876-1880 (22 fr. 36) et 1881-1885, (20 fr. 99), une diminution représentant 6 %.

Mais, si cette diminution des prix était bonne en elle-même au point de vue des consommateurs, elle atteignait vivement le producteur. Celui-ci, n'ayant pas su profiter des cours élevés de certaines années pour perfectionner ses procédés et diminuer ses frais de culture, se trouva pris au dépourvu par cette dépression rapide des prix de vente et cessa de trouver dans la culture du blé la rémunération de ses efforts.

Mais, dans quelle mesure, à cette date de 1885, ce fait était-il vérifié et à quelle somme d'abord s'élevaient les frais de revient d'un hectol. de blé? Il ne semble pas que l'on se soit jamais mis complètement d'accord sur ce point. Dans l'enquête de 1866, M. Thiers donne le chiffre de 19 fr. 15; dans son projet de loi, déposé en octobre 1884, M. Graux l'élève jusqu'à 27 fr. (1). En réalité, tout dépend ici de la nature de la terre, du choix des semences, des engrais répandus, du mode de culture, du degré de perfectionnement des machines employées, des salaires, de la valeur locative du sol et d'une multitude d'autres causes locales ou accidentelles.

Ainsi, M. Graux nous donne, comme frais d'un hectare ensemencé en blé, la somme de 641 francs, et, selon la qualité de la terre, l'*Echo agricole* (2) les fixe à 681 fr., 485 et 326 fr. Le détail des dépenses de

(1) *Journal Officiel*. Documents 1884, Annexe, n° 3113, p. 1825.
(2) *Journal Officiel*, 29 janvier 1885.

culture d'un de ces hectares fera mieux saisir les difficultés de ce genre de calcul (1).

Labour, semailles, 70 fr.; semences, 50 fr. — Roulage, 5 fr.; moisson, 55 fr. — Battage, 30 fr.; engrais, 80. — Valeur locative du sol., 90 fr.; impôts 10 fr.

Total : 390 francs.

Si l'on déduit de cette somme la valeur de 30 quint. de paille pour une récolte de 20 hectol., soit 150 fr., le prix de revient de l'unité sera donc

$$\frac{390 - 150}{20} = 12 \text{ fr.}$$

chiffre faible, dû au rendement très élevé. Le prix de revient de l'hectol. suit, en effet, une progression inverse de celle de la production; en ces matières il n'y a donc place que pour des calculs très approximatifs.

L'on sera peut-être étonné que nous insistions si longuement sur l'impossibilité d'obtenir ici un résultat tant soit peu précis, mais ce point fut l'objet de nombreuses discussions dans les Chambres, lors du vote de 1885 et c'est pourquoi nous nous y arrêtons.

En effet, les protectionnistes, considérant ce prix de revient comme fixe (2), le mirent côte à côte avec les prix de vente, et cette comparaison leur servit de principal argument pour réclamer l'établissement d'un droit de douane, au moins égal à la différence des deux prix, afin d'assurer au cultivateur une juste rémunération pour la culture des céréales. M. Méline estimait de 20 à 21 fr. le prix de revient moyen de

(1) *Journal des Économistes* : 1884, II, p. 475.
(2) *Journal Officiel*. Chambre 1885. Séance du 10 février.

l'hectol., alors que le prix de vente n'était que de 17 fr. 89 en 1884.

Donc, nous avons vu que si l'agriculture produisait le blé sans bénéfice ou à perte, il n'était pas du moins possible de l'établir sur des données certaines. L'existence d'une crise agricole réelle (1) n'en était pas moins évidente ; nous allons examiner maintenant quelles étaient ses principales causes ; d'une part, une production considérable et toujours croissante des céréales en France, de l'autre l'importation de grains étrangers.

§ 2

ÉTAT DE LA PRODUCTION DES CÉRÉALES EN FRANCE

Le pain étant en France l'aliment capital et notre sol étant très favorable à la production du blé, cette plante a pris chez nous une place prépondérante et a dépassé les autres céréales par l'importance de sa culture (2).

---

(1) Nous n'envisageons ici que la crise agricole au point de vue des céréales ; pour le bétail, au contraire, dont il fut beaucoup parlé à la même époque, nous ne croyons pas qu'il y ait eu une crise sérieuse.

(2) Le pain blanc a aujourd'hui presque complétement remplacé dans les campagnes celui de seigle ou d'orge qui faisait autrefois la base fondamentale de l'alimentation de la population rurale. De ce fait l'extension de la culture du blé augmenta prodigieusement. De 1825 à 1875, la ration moyenne de pain par tête d'habitant s'est accrue de près de deux tiers. — V. à ce sujet M. de Foville, *La France économique*, 1887, p. 98.

La quantité de blé produite dans notre pays est
connue, grâce aux statistiques agricoles périodiques,
de création relativement récente (1). La première
enquête faite sur place remonte à l'an II, pendant la
Révolution.

Sous le Consulat, le questionnaire agricole, qui fut
remis en 1800 à tous les Préfets, ne donna que des
résultats très incomplets. En somme, la première tentative sérieuse ne remonte qu'à 1840 et ce n'est
que depuis le décret du 1er juillet 1852, qui donna
à la statisque agricole un caractère permanent, que les
enquêtes générales sont régulièrement faites tous les
10 ans (2) par l'intermédiaire des commissions canto-
nales. L'on était en droit d'espérer que la création
d'un Ministère de l'Agriculture (1881), qui centrali-
serait tous ces documents, apporterait de grandes facilités à leur classement; mais l'insuffisance du personnel attaché à leur dépouillement semble au contraire
avoir provoqué un fort retard dans leur publication,
et c'est ainsi que les résultats de l'enquête de 1882
n'ont pu être donnés au public que six ans plus
tard (3).

Dans les tableaux suivants nous ne donnerons que
des chiffres arrondis. Vu les différences des évaluations

(1) En dehors de ces enquêtes, des évaluations officielles sont
fournies tous les ans par l'Administration de l'agriculture.

(2) Sauf celle de 1872, qui, par suite des bouleversements
apportés dans l'agriculture par la guerre de 1870, ne put être
établie qu'en 1874.

(3) La lecture de cette enquête étant assez aride, nous croyons
utile d'indiquer le résumé très clair qui en a été publié dans
l'*Economiste français* du 31 mars 1888.

publiées par le Bureau des subsistances (Exposé comparatif) et par l'Administration de la statistique générale (Annuaire général), l'on ne peut pousser les nombres jusqu'aux unités.

Production du blé en France :

1815	39 millions d'hectol.	1875	100 millions d'hectol.
1830	52 — —	1880	99 — —
1840	81 — —	1881	96 — —
1850	88 — —	1882	122 — —
1860	101 — —	1883	103 — —
1865	95 — —	1884	114 — —
1871	69 — —	1885	109 — —

Moyennes de (1) :

1831-1841	—	68.436.000 hectol. par an.
1842-1851	—	81.041.000 — —
1852-1861	—	88.986.000 — —
1862-1871	—	98.339.000 — —
1872-1881	—	100.295.000 — —
1882-1885	—	112.000.000 — —

Voyons rapidement les raisons auxquelles se rattachait cette augmentation continuelle des récoltes de blé.

Elle était due à la proportion de plus en plus considérable des emblavements (2) et à l'élévation croissante des rendements.

(1) V. *Économiste français* du 29 mars 1890.

(2) « Emblavement » est le terme technique servant à désigner les surfaces ensemencées en blé.

1° Surfaces emblavées : leur extension.

Sur une contenance totale de 53 millions d'hecta.
en 1884 :

7.000.000 hectares étaient consacrés à la culture
du blé.

300.000 hectares étaient consacrés à la culture
du méteil (1).

1.700.000 hectares étaient consacrés à la culture
du seigle.

1.060.000 hectares étaient consacrés à la culture
de l'orge.

3.700.000 hectares étaient consacrés à la culture
de l'avoine.

800.000 hectares était consacrés à des cultures
diverses.

2.900.000 hectares étaient consacrés à des cultures
fourragères annuelles.

2.500.000 hectares étaient consacrés à des herbes
cultivées.

7.300.000 hectares étaient occupés par des prairies
et pâturages.

4.000.000 d'hectares étaient occupés par des jachères.

12.000.000 — par des vignes et
des forêts.

13.000.000 d'hectares restaient incultes (2).

La culture du blé avait donc une importance de
premier ordre.

___

(1) Le méteil est un mélange de seigle et de blé qui tend du
reste à disparaître.
(2) V. l'*Economiste français* du 24 septembre 1887.

D'autre part, l'extension des surfaces ensemencées suivit les proportions suivantes :

1789	4.000.000 hect.	1862-1870	6.887.400 hect.
1831-1841	5.353.800 —	1872-1881	6.904.503 —
1842-1851	5.846.900 —	(malgré la perte de l'Alsace-Lorraine).	
1852-1861	6.500.448 —	1882-1885	7.000.000 —

La tendance naturelle du pays à pourvoir à sa propre consommation explique sans difficulté cette progression croissante. Et même la culture du blé produit dans presque toute la France de si bons résultats (meilleurs cependant dans le Nord et dans le Centre que dans le Midi) qu'un grand nombre de terrains consacrés à la vigne ont été, particulièrement à la suite des ravages du phylloxéra, transformés en champs de culture à blé : de 1859 à 1884, 250.000 hectares de vignes avaient subi cette transformation.

2° Accroissement des rendements. — En 1884, la moyenne de la récolte à l'hectare, avait été de 16 hectol. 2, et malgré les six mauvaises récoltes et la moyenne presque stationnaire de 1872-1883, les rendements avaient toujours augmenté (1).

1820-1839..	12,08 hectol.	1860-1869..	14,36 hectol.
1840-1849..	13,66 —	1871-1880..	14,46 —
1850-1859..	13,95 —	1881-1884..	15,67 —

Cet accroissement était dû aux perfectionnements apportés journellement à la culture : choix de bonnes semences, fumures ou engrais plus appropriés, etc.

---

(1) V. *Journal Officiel*, Sénat, documents 1885-86, p. 55 et plus ; et statistique de M. Cheysson, dans l'*Économiste Français* du 19 décembre 1885.

Cependant, sous le rapport des rendements, nous étions dépassés par beaucoup d'autres pays :

Hesse-Darmstadt	35,2 hectol. à l'hecta.	
Grande-Bretagne, Bavière, Belgique	25 à 27	—
Hollande, Norvège	24 à 28	—
Danemark, Prusse	17 à 15	—
Autriche, Espagne, Bade : rendement équivalent au nôtre (1).		

En effet, si grands que fussent nos progrès, nos méthodes de culture étaient manifestement inférieures à celles de nos voisins, de l'Allemagne (2) par exemple. Dans ce dernier pays et aussi en Angleterre, le blé n'était cultivé que dans les terres lui convenant parfaitement ; en France le rendement se trouvait considérablement abaissé par des emblavements trop nombreux, faits dans des terrains peu favorables et où pourtant, seule, cette culture était possible. Ainsi, pour prendre un exemple, en 1880, où le rendement général, du reste bon, atteignit 14 hectol. 48 à l'hecta., si l'on constate que dans certains départements il dépassait 20 hectol. (Seine-et-Oise avec 29, 36 hectol.) par contre, 9 autres donnaient moins de 10 hectol. (Creuse, 4 hectol. 76, Auvergne, etc.), 39 de 10 à 15 hectol., 25 de 15 à 20 hectol, et 14 plus de 20 hectol.

---

(1) V. Grandeau, loc. cit.

(2) En Allemagne, en effet, le seigle étant l'aliment principal, et le blé par suite une nourriture de luxe, la culture de ce dernier n'y est pas une nécessité et a pu être restreinte aux meilleurs terrains, dans la vallée de la Saale principalement, où la grande culture obtient de très beaux résultats.

§ 2

CONCURRENCE DES BLÉS ÉTRANGERS SOUS FORME D'IMPORTATION.

Après avoir montré l'importance de la culture du blé en France, nous allons étudier maintenant la question des importations de grains étrangers ; nous verrons que celles-ci étaient loin d'atteindre, surtout lors des bonnes récoltes, l'importance qu'on a voulu leur donner parfois.

De 1882 à 1885, comme il a été dit plus haut, la moyenne annuelle de la production du blé s'élevait à 112 millions d'hectol. soit 85,12 millions de quintaux, et pendant le même espace de temps, la moyenne annuelle des importations de froment (exportations déduites) atteignait 10.543.805 quintaux (1).

La consommation annuelle de la France fut donc, pendant cette période, de

85.120.000 + 10.543.805 = 95.663.805 quint. de blé.

Il peut être intéressant de montrer l'exactitude de ce chiffre par un raisonnement différent :

À la même époque, la consommation annuelle de pain est de 75,5 millions de quintaux (2).

_____

(1) V. l'*Economiste Français* du 14 mars 1885. Les quantités de farines indiquées dans cet article, ont été transformées en leur poids équivalent de blé.

(2) En 1885, l'on évaluait la consommation de pain en France à 550 grammes par tête d'habitant et par jour, soit 200 kgs. 750 grammes par an, ce qui fait pour une population de 37.500.000 âmes, 7 milliards 550 millions de kgs par an. — V. à ce sujet : M. de Foville *La France Economique* 1887, page 104 ; mais les

100 kgs de blé donnant 76 kgs de farine, et 100 kgs de farine donnant 134 kgs de pain (1). L'on retire donc d'un quintal de blé 109 kgs 2 de pain. Par suite, pour fournir 7.550 millions de kgs de pain il faudra :

$$\frac{7.550.000.000 \times 100}{109,2} = 69.130.000 \text{ quint. de blé.}$$

Il faut ajouter à ce chiffre celui des semences pour avoir la consommation totale de la France, soit 15.400.000 hectol., c'est-à-dire 11.700.000 quint. de blé (2) et 15.000.000 quint. pour la fabrication des pâtes alimentaires.

L'on obtiendra ainsi un total de :

$$69.130.000 + 11.700.000 + 15.000.000 = 95.830.000 \text{ quint.,}$$

évaluation correspondante au chiffre donné plus haut.

chiffres officiels doivent être soumis à certaines rectifications. V. aussi : M. Grandeau (directeur de la station agronomique de l'Est, doyen de la Faculté des Sciences de Nancy), en 1885 dans son ouvrage sur *La Production agricole de la France* p. 52 à 57. Ce chiffre nous paraît beaucoup mieux établi que celui de 700 gram. cité à la Chambre, séance du 3 février 1885 par M. Langlois. Les chiffres fournis par M. de Foville sont légèrement inférieurs à ceux de M. Grandeau.

Le chiffre de la population, cité ici, est celui du recensement de 1881.

Nous remarquerons, en passant, que la consommation du pain est beaucoup plus grande dans les campagnes que dans les villes : ceci provient de l'usage plus répandu, dans ces dernières, de la viande, des denrées de toute sorte (peu répandues à la campagne), et aussi malheureusement de l'alcool. A Paris, la consommation de pain qui était encore, en 1854, de 487 gram. par jour était tombée à 400 gram. en 1884. V. à ce sujet le discours de M. Léon Say, au Sénat, séance du 24 mars 1885.

(1) Par suite de l'eau que l'on y ajoute.

(2) Chiffre élevé (dû à la semence à la volée) donné par sept millions d'hectares recevant en moyenne, chacune, 220 litres de semences.

D'autre part la somme des importations annuelles, équivalant exactement au chiffre ainsi obtenu du déficit, c'est-à-dire :

$$95.700.000 — 85.120.000 = 10.520.000 \text{ quint.}$$

il est évident que ce dernier avait été comblé par des blés étrangers.

En somme, ce sont ces importations qui ont empêché la disette; car sans elles, comme l'on ne peut songer à restreindre, sans de graves souffrances pour le pays, la consommation du blé, lors des années déficitaires (13 années sur 14 en moyenne) (1), il aurait été nécessaire de recourir à l'emploi de grains inférieurs, c'est-à-dire de céréales moins sensibles aux circonstances atmosphériques, le seigle, par exemple, mais dont les qualités nutritives sont de tous points inférieures à celles du froment.

Examinons maintenant le rôle que les importations jouèrent, ou qu'on leur attribua, — nous discuterons ceci plus loin, — au point de vue de l'affaissement des cours. La baisse des prix de vente ayant coïncidé avec les grosses importations de blés étrangers qui pouvaient être vendus sur nos marchés, à un prix inférieur à celui qu'exigeaient les intérêts légitimes de notre agriculture, les cultivateurs, mécontents des pertes qu'ils éprouvaient à ce moment, rejetèrent naturellement sur cette concurrence la cause principale de l'avilissement des cours.

Mais, avant d'étudier cette décadence et son dévelop-

---

(1) V. *Économiste français* du 6 octobre 1888. Tableau statistique.

pement dans les dernières années, il importe d'avoir
une idée au moins générale de la culture des céréales,
de son extension et de sa situation présente dans les
principaux pays exportateurs du monde : la Russie,
la Turquie, la Hongrie, le Continent américain, les
Indes Anglaises et l'Australie.

SECTION C

La culture des céréales hors de France

Le tableau suivant (1) des importations de blé en France depuis 1872 avec l'indication de leur provenance, servira utilement de guide dans cette étude :

Années	Russie	Turquie	États-Unis	Indes	Australie	Autres Pays	Totaux
1872	1.530.005	643.204	196.306			1.675.573	4.045.184
1873	902.906	568.612	648.572			2.833.737	4.953.827
1874	2.354.092	1.349.571	1.085.061			3.112.144	7.900.883
1875	2.055.416	651.704	11.390			773.201	3.493.741
1876	2.060.373	1.715.870	156.043			1.349.171	5.281.459
1877	1.103.223	905.436	202.636			1.186.167	3.397.452
1878	4.789.372	602.742	5.737.598	79.652	31.748	2.632.431	13.873.483
1879	4.954.286	911.584	13.205.436		232.933	2.866.727	12.170.966
1880	3.240.324	303.008	12.439.501	351.932	662.540	3.002.132	19.999.437
1881	1.854.632	432.000	6.330.307	1.436.053	781.733	2.018.324	12.853.034
1882	2.870.682	486.000	5.396.475	1.580.154	712.816	1.900.856	12.946.981
1883	2.191.793	823.930	3.627.304	1.685.641	99.050	1.679.955	10.117.973
1884	2.636.369	713.164	2.960.110	1.620.192	1.148.646	1.460.583	10.548.064

Tous ces chiffres sont donnés en quintaux.

Comme de 1880 à 1885, c'est-à-dire au moment de la discussion des tarifs douaniers, les importations des

---

(1) Rapport de M. Krantz au Sénat. *Journal officiel*. Documents 1885-1886, p. 55. — Nous insistons spécialement sur ce point, à cause de la grande place que tinrent les céréales étrangères dans l'argumentation protectionniste.

Etats-Unis et des Indes anglaises étaient tout particulièrement l'objet de l'effroi de l'opinion publique dans
les campagnes, c'est sur ces deux pays surtout que
nous porterons notre attention.

§ 1

ÉTATS-UNIS

Ce pays se trouve dans une situation exceptionnelle
pour la production du blé : les terres vierges y sont
nombreuses, très fertiles et donnent sans fumures, de
très beaux rendements. On avait commencé par mettre
en rapport les terres de l'Est, mais celles-ci ayant été
rapidement épuisées, la zone de culture du blé se
déplaça constamment vers l'ouest, pour atteindre final-
lement le Dakotah et la Vallée Rouge (Red Valley), où
des surfaces utilisables s'offraient en quantités presque
illimitées. Du reste dans les contrées épuisées, l'Ohio,
le Missouri, etc., quelques années de repos, habilement
employées à l'introduction d'un système de culture
rationnelle, rendaient aux terres leur fertilité primitive.

Les surfaces emblavées et la production du froment
se développèrent selon la progression suivante :

1872. — Surface emblavée : 8.400.000 hectares; production : 88.000.000 hectol.

1877. — Surface emblavée : 10.600.000 hectares; production : 128.300.000 hectol.

1882. — Surface emblavée : 15.000.000 hectares; production : 176.400.000 hectol.

1884. — Surface emblavée : 15.500.000 hectares; production : 180.000.000 hectol.

Le maïs, qui était la culture la plus importante, occupait à lui seul, en 1882, 26, 5 millions d'hectares avec 365, 9 millions d'hectol. de récolte.

Sur cette production énorme, semences et consommation déduites, il restait pour l'exportation un excédent de 33 millions de quint. dans les mauvaises années et de 53 millions dans les bonnes. (1)

Les exportations de blé des Etats-Unis augmentèrent successivement dans les proportions suivantes :

$$17.900.000 \text{ hectol. en } 1871$$
$$25.600.000 \qquad \text{» } 1876$$
$$65.600.000 \qquad \text{» } 1881$$

En 1885, elles furent un instant ralenties par de mauvaises récoltes. Mais, grâce à des machines perfectionnées (batteuses, moissonneuses), à la diminution apportée dans les frais de manutention par les élévateurs (2), au bon marché des prix de transport, à l'absence de fumures sur un grand nombre de terres, le blé était vendu à très bas prix : ceux-ci furent en moyenne annuellement, les suivants de 1873 à 1885 (3) :

---

(1) Discours de M. Waddington. Chambre, séance du 5 février 1885. *Officiel*, 22 février 1885. Chiffres tirés du Bulletin mensuel statistique publié à Washington.

(2) Très répandus aux Etats-Unis, les élévateurs sont des magasins d'entrepôt de grains où toutes les manipulations : chargement, déchargement, etc. se font mécaniquement, par suite très rapidement et à des prix très modérés.

(3) V. les *Reports of the Bureau of Statistics of the département of Agriculture*, par M. Dodge. Washington, 1887.

ANNÉES	Prix en dollars par boisseau (1)	Prix en francs par hectolitre
1873 — 1874	1 43 cents	21ᶠ02
1874 — 1875	1 12 »	16 46
1875 — 1876	1 24 »	18 23
1876 — 1877	1 17 »	17 20
1877 — 1878	1 34 »	19 70
1878 — 1879	1 07 »	15 73
1879 — 1880	1 24 »	18 23
1880 — 1881	1 11 »	16 17
1881 — 1882	1 19 »	17 49
1882 — 1883	1 13 »	16 61
1883 — 1884	1 06 »	15 73
1884 — 1885	0 86 »	12 64

En outre, depuis 1880, le fret, c'est-à-dire le prix de transport du quint. de blé d'Amérique en France (de New-York ou Philadelphie au Hàvre) s'était abaissé de 3 fr. 75 à 2 fr. 25 en janvier 1885 (2).

On peut donc calculer de la manière suivante, le prix de revient *d'un hectolitre* de blé américain rendu en France, au début de 1885.

Achat à New-York............................ 13 50
Fret 2 fr. 25 par quint. soit, 1 fr. 70, plus 5 % de primage............................... 1 78
Assurance maritime......................... 0 14
Frais divers 3 1/2 %......................... 0 47

                    Total............ 15ᶠ89
par hectolitre au port du Hàvre (3).

(1) Le boisseau (bushel) vaut 35,28 litres.
(2) V. le discours de M. Méline ; Chambre, séance du 10 février 1885. *Journal Officiel*, Chambre, documents 1884, p. 1743.
(3) Chiffre correspondant à celui donné par M. Graux dans son

Pendant les discussions qui précédèrent le vote des nouveaux tarifs, la question de la durée plus ou moins longue de cette concurrence américaine passa naturellement au premier rang.

D'après les uns, les États-Unis devaient cesser bientôt leurs exportations; la surface ensemencée avait peu varié depuis 1880 et, la population augmentant toujours, on pouvait prévoir le moment où la production suffirait juste à la consommation; et de plus, ajoutaient-ils, les prix étaient si bas sur le marché américain, que les cultivateurs n'y trouvant plus une rémunération suffisante, les prix, par suite, ne pouvaient que s'élever (1).

Les faits démentaient ces assertions.

L'accroissement de la population avait au contraire coïncidé avec l'augmentation des exportations (2) et, d'année en année, grâce aux progrès de l'agriculture, les rendements s'amélioraient. Dans l'Illinois, la récolte du blé passait de 10,614,000 hectol. en 1869 à 18,604,000 hectol. en 1879; le rendement moyen de 10 hectol. 52, pendant la période 1860-1869, passait

---

rapport à la Chambre. Il est intéressant de remarquer ici, que si le fret de New-York à Londres ou Liverpool était de 1 shilling 2 pences par hectol., soit 1 fr. 45, cette différence avec les prix du Hâvre provenait de la plus grande facilité du fret de retour dans ces ports anglais, ce qui permettait un grand abaissement des prix de transport pour toutes les marchandises.

(1) V. Dubost : *Annales agronomiques*, l'article « le Spectre américain » ; et *Économiste français* du 24 avril 1886, p. 516. Opinion de M. Léon Say, discours à la Chambre, séance du 24 mars 1885.

(2) V. *Annual Report of the commissionner of agriculture for the year 1881*, Washington (par M. Dodge).

à 11 hectol. 23 de 1870 à 1879 et à 15 hectol. en
1880 (1). Enfin, comme on l'a vu dans les tableaux
produits plus haut, à l'accroissement continu des
récoltes avait correspondu, de 1879 à 1885, une baisse
persistante des prix (2).

Il n'y avait donc pas de raisons véritables pour que
les États-Unis, pendant les mauvaises récoltes européennes, cessassent de jeter sur nos marchés moins
bien fournis, le surplus de leur immense production et
empêchassent ainsi une hausse exagérée des cours.
De plus, les moyens dont disposait le commerce américain étaient très puissants; une maison de Chicago,
par exemple (la maison Armour and Cⁱᵉ) possédait
(en 1885) six élévateurs contenant 2 millions 1/2 de
quintaux de blés; une autre (la maison Munger,
Wheeler and Cⁱᵉ), huit élévateurs d'une contenance
analogue. Ces deux Compagnies qui, en outre, étaient
syndiquées, pouvaient transporter leur cinq millions
de grains, à travers tous les États-Unis en deux jours,
par sept voies différentes de chemins de fer. L'invasion brusque d'une pareille quantité de marchandises
sur le marché, ou un accaparement des blés du Far-
West, dans des proportions équivalentes (3), pouvait

(1. V. Dʳ R. Meyer: *Ursachen der amerikanischen Concur-
renz*, Berlin, 1883.

(2) V. *Économiste français*, 6 février 1886 et 20 février 1886.

(3) Ceci n'est pas du reste une simple hypothèse : en 1884,
toute la quantité de maïs disponible aux États-Unis était acca-
parée et, en trois semaines, le prix du maïs montait de 46 à
90 cent. le cent vaut 0 fr. 05; la complicité des chemins de fer
avait permis l'immobilisation des wagons chargés de cette
denrée. En 1898, l'accaparement tenté sur le blé par M. Leiter,
produisit pendant quelque temps une forte hausse.

naturellement provoquer soit une hausse, soit une
baisse de prix, d'au moins 50 %.

Nous n'avons pas encore pour le moment, à nous
préoccuper des exportations canadiennes (1) qui n'ont
commencé qu'en 1891. Ce pays, en 1883 et 1888
avait même eu recours à des blés étrangers, par suite
d'insuffisance de récolte.

L'on estime la récolte de l'Amérique du Sud à environ 10 millions d'hectol. Les exportations sont encore
peu considérables (2).

1883..	807.825 hectol.	1885..	1.016.370 hectol.
1884..	1.404.900 »	1886..	1.450.000 »

§ 2

INDE ANGLAISE

La culture du blé y réussit fort bien; et en
février 1886, l'on évaluait la surface emblavée à
46,600,000 hectas. La moyenne générale des rendements atteint 10 hectol. 67, avec des chiffres extrêmes
de 6 hectol. 28 et 17 hectol. 96; ce dernier chiffre, dans

---

(1) V. *Économiste français* du 3 novembre 1894.
(2) V. *Journal des Économistes*, juillet 1887.

les excellentes terres du Pendjab (1). En 1885, la production totale fut de 105 millions d'hectol. Les prix restèrent bas car la main-d'œuvre était très bon marché : 0 fr. 25 à 0 fr. 50 par jour. L'année précédente, en octobre 1884, le blé avait valu 12 fr. le quint. A la même époque, l'on estimait ainsi le prix de revient à l'arrivée à Marseille :

Prix du quintal........	12 fr. val. en or à Bombay.
Frais d'embarquement.	0.82
Fret pour Marseille (2).	1.56
Assurance maritime 1 %/₀	0.16
Frais divers 3 1/2 %/₀...	0.55
Soit.........	15.09 le quint.

Une mauvaise récolte aux Indes, survenue sans qu'elle ait pu être prévue, ayant contraint les navires expédiés d'Europe, à abaisser considérablement leur fret de retour, le prix de ce dernier était resté fort bas pendant l'année 1884. Mais l'année suivante (1885), le phénomène inverse se produisit et le même fret monta jusqu'à 4 fr. 25 par quint. En novembre 1883, il avait été de 3 fr. 12 (3).

Si les prix cités par M. Wolf, d'après la *Gazell of India* (officielle) s'écartent, au premier abord, de ceux

---

(1) Toutes ces indications sont tirées de : 1° de l'exposé de M. Saguier, directeur du *Journal d'agriculture*, au Congrès de l'Association française pour l'avancement des sciences (session de Nancy, 1886) et à la Société Nationale d'agriculture (18 août 1886); 2° du livre de M. Wolf, de Zurich : *Thatsachen und Aussichten der Ostindischen Weizen Konkurrens im Weizenhandel*, Laûp, Tübingen.

(2) V. *Bulletin de Suez* du 22 novembre 1884.

(3) V. *Ibid*, 2 novembre 1883.

que nous donnons, la différence en est due au change
qui les ramène à un chiffre analogue (1). D'après lui,
le quint. se vendait à Marseille, en 1886, au prix de
17 fr.

Ainsi de 1883 à 1886, l'hectolitre de blé indien arrivait donc en France au prix moyen de 12 fr.60.

Cette différence de prix avec ceux du marché européen nous explique l'extension considérable prise par
les exportations indiennes (2).

1873-1874	878.000 quint.	1880-1881	3.777.000 quint
1874-1875	532.000 —	1881-1882	9.600.000 —
1875-1876	1.265.000 —	1882-1883	7.097.000 —
1876-1877	2.784.000 —	1883-1884	10.555.000 —
1877-1878	3.187.000 —	1884-1885	7.927.000 —
1878-1879	578.000 —	1885-1886	10.550.000 —
1879-1880	1.100.000 —	1886-1887	11.313.000 (3).

Sur ces quantités il a été importé en France :

1880	440.000 hectol.
1881	1.794.000 —
1882	1.975.000 —
1883	2.120.000 —
1884	2.023.000 —
1885	1.660.000 —
1886	2.087.000 —

(1) La *Gazett of India* donne en effet les prix en *argent*.
Nous devons noter que la loi du 26 juin 1893, ayant fermé aux
Indes les Monnaies aux apports d'argent des particuliers, le
cours de la roupie a remonté depuis cette époque.

(2) Les chiffres, donnés en « c. w. ts » (hundredweights), de
50, 8 kgs, ont été traduits en kgs.

(3) *Bulletin de Suez* du 22 mars 1888.

L'Inde occupe, en 1884, le troisième rang comme pays importateur de blé en Angleterre (avec 4 millions de quintaux sur 49 millions qu'exige la Grande-Bretagne), venant après les Etats-Unis et la Russie. L'Egypte et la Belgique achètent des blés indiens dans les mêmes proportions que la France ; mais ces pays ne servent que de lieu de transit pour l'Europe. L'Italie reçoit des Indes 350.000 quintaux (1886).

Pour l'Inde anglaise se posait donc la même question que pour les Etats-Unis, à savoir si les exportations étaient encore à prévoir pour une longue durée. La population était très nombreuse (250 millions d'habitants) et s'augmentait de 20 millions tous les dix ans (1); les famines étaient fréquentes (2), et il semblait que le blé ne pût être exporté en grande quantité.

Cependant ici encore, les faits venaient démentir ces prévisions. Les famines ne se produisaient que lorsque le riz, qui forme la nourriture principale de la population, manquait dans les contrées éloignées des chemins de fer.

La culture du blé pouvait du reste s'étendre, d'après M. Saguier, à 25 millions d'hectares. L'opinion de M. Buck, secrétaire du Département de l'Agriculture du Gouvernement indien, est semblable (3) : les

1. *Economiste français* du 10 décembre 1887.

2. Ces famines assez fréquentes sont terribles : elles atteignent des millions d'individus dont les récoltes ont été détruites et dont l'approvisionnement ne peut se faire, faute de moyens de transports.

3. *Economiste Français*, 7 février 1885.

provinces anglaises de l'Inde, c'est-à-dire celles que la Grande-Bretagne possède en toute propriété, équivalent, à elles seules, à 34 fois l'étendue des terres à blé en Egypte.

L'on cherche à améliorer les terres. Plus de 750 millions de francs ont été dépensés jusqu'en 1883, pour perfectionner le régime des irrigations ; et chaque année, une somme de 20 millions y est consacrée. Le réseau des voies ferrées a été aussi considérablement étendu : 20.000 km. en 1885 contre 32 en 1853. De plus, la dépréciation de l'argent constituait une prime d'autant plus forte à l'exportation que le blé était plus cher en Europe. D'après les calculs de M. Wolf, cette différence s'élevait en moyenne à 2 fr. 50 par quintal, de 1880 à 1884. L'argent étant la monnaie de l'Inde, l'Europe paie ainsi le blé avec un change très favorable (1). Mais cette différence dans les changes diminue actuellement ; par contre les frets continuent à baisser. Il semble donc bien que les exportations de l'Inde ne soient nullement sur le point de s'arrêter.

En Australie, les exportations étaient, en 1884 de plus de 3 millions de quintaux, y compris la Nouvelle-Zélande, grâce au succès de cette nouvelle culture qui y prend de jours en jours, une extension plus grande

(1) V. à ce sujet les articles du *Journal des Economistes* de mai 1895, p. 272.

CHAPITRE II

Discussion des théories protectionnistes
et libre-échangistes

Dans ce chapitre nous examinerons les mesures qui furent proposées pour mettre un terme à l'avilissement des cours des céréales, cause première de la crise agricole constatée plus haut.

Une lutte ardente et soutenue s'engagea en effet dans le pays et dans le sein du Parlement, au sujet des remèdes à appliquer, entre les protectionnistes d'un côté, partisans de droits de douane élevés sur l'entrée des grains étrangers et les libre-échangistes de l'autre, attachés à d'autres solutions et adversaires non moins résolus de tout système de prohibition plus ou moins accentué.

La discussion, très brillante dans les Chambre, très sérieuse dans les journaux économiques et dans les Assemblées scientifiques, et très vive dans tout le pays, se plaça à la fois sur des terrains divers que nous étudierons successivement.

1° Tout d'abord la question de la liberté des importations et de son influence sur les prix des céréales. Selon les protectionnistes, les grandes quantités de grains entrés en France étaient seules responsables de la baisse des cours ; nous verrons plus loin ce qu'il fallait penser de l'exactitude de cette opinion.

2° La question de la répercussion nécessaire des droits futurs sur le prix du pain: c'était l'argument principal des libre-échangistes.

3° La solidarité des intérêts agricoles avec ceux de l'industrie qui, déjà protégée depuis 1881, fondait l'agriculture à demander pour elle-même, un traitement analogue.

4° Les exemples de protectionnisme déjà donnés par de nombreux États du continent.

5° Certaines questions d'importance diverse que nous réunirons dans une dernière subdivision.

§ 1er

INFLUENCE DE LA LIBERTÉ DES IMPORTATIONS SUR LE PRIX DES CÉRÉALES

La coïncidence de la baisse des prix (1) des grains avec les grandes importations, rendait naturelle l'attribution de l'affaissement des cours, à cette cause. Tandis qu'en 1884, le blé américain arrivait au Hâvre au prix de 15 fr. 89 l'hectol., le blé indien à Marseille à

(1) V. les tableaux produits plus haut, p. 11 et 57.

12 fr. 60, le blé français se vendait sur nos marchés 17 fr. 89, laissant ainsi aux importateurs, malgré le droit de fr. 50 un bénéfice sérieux.

Le moyen de provoquer la hausse des cours semblait donc très simple, et il devait suffire de frapper d'un droit plus ou moins élevé, tout hectol. de blé étranger à son entrée en France, pour provoquer le relèvement désiré, sans amener affirmait-on, une hausse proportionnelle du prix du pain. Tel était bien l'avis de la fraction protectionniste de la Chambre, dont le chef était M. Méline. Nous verrons plus loin combien la campagne protectionniste fut active dans le pays et quel succès elle y rencontra.

Ce programme fut parfaitement exposé à la Chambre par M. Graux, rapporteur de la commission des douanes (1), qui concluait à l'adoption d'un droit de 3 fr. par quintal de blé importé; en même temps M. Méline, dans de remarquables discours, développait les mêmes idées au nom du Gouvernement, le 10 février 1885 à la Chambre et le 26 mars suivant, au Sénat. L'invasion de notre marché par les stocks étrangers de céréales disponibles et la décadence des cours allaient se trouver arrêtées.

Pour les libre-échangistes, au contraire, la responsabilité de cette baisse retombait en grande partie sur notre production nationale, puisque dans les années de très bonnes récoltes, celle-ci pouvait en effet presque entièrement suffire à notre consommation. Dans ce cas, l'importation ne pouvait donc exercer aucune influence sur la crise agricole.

(1) V. au chapitre III, l'exposé du mouvement législatif.

En mettant du reste en regard les importations et les
prix moyens du grain en France de 1879 à 1884,

Années	Importation	Prix
1879	12.170.900 quintaux	21 92
1880	19.999.400 »	22 90
1881	12.853.000 »	22 78
1882	12.947.000 »	21 51
1883	10.118.000 »	19 21
1884	10.548.000 »	17 89

l'on est amené à conclure que, si la baisse des prix provenait seulement des importations, elle aurait dû se faire
surtout sentir dans les années où ces dernières étaient
considérables, et être très peu sensible au contraire
dans le cas inverse. Ce n'est pas cependant ce qui se
produisit en 1880, où le prix de l'hectol. s'éleva de 1 fr.
par rapport à 1879, bien que les importations fussent
de 7 millions de quint. supérieures. Le même fait se
reproduit en 1883 et 1884, où les importations diminuent
de 2 millions de quint. sur celles de 1882, alors que le
prix du blé baisse de plus de 2 fr. en 1883, et d'une
somme presque égale l'année suivante.

On ne pouvait donc admettre que les importations
eussent été seules à agir sur les mouvements des prix.
Mais, en considérant pour ces mêmes années, le montant de la récolte française, l'on constate que si, en
1880 et 1881, elle ne dépassait pas respectivement
99 et 96 millions d'hectol., avec des prix de 22 fr. ; en
1884, au contraire, pour 103 et 104 millions d'hectol.,
les prix tombaient à 19 fr. 21 et à 17 fr. 89. L'on était
donc en droit d'affirmer que, lors des récoltes défici-

taires, les importations mettaient obstacle à toute
hausse exagérée des prix (1).

Mais les partisans du protectionnisme, encouragés
par les réclamations d'une opinion publique travaillée
de longue main, ne s'arrêtèrent pas à cette objection;
aux protestations des économistes libéraux, ils répon-
dirent que les droits nouveaux, non seulement n'auraient pas d'effet sur les cours du pain, mais encore
qu'ils n'influeraient même pas de tout leur montant,
sur le prix du quintal de blé (2).

Voici quel était ce singulier raisonnement : notre
consommation totale de blé, soit 95 millions 1/2 de
quint., nécessitant seulement une importation com-
plémentaire de 10 1/2 millions de quint., soit à peine
plus d'un dixième, ce n'étaient pas les droits imposés
à ce dixième qui pourraient peser sur les cours d'une
façon bien sensible. Peut-être serait-on fondé dans ce
cas, à demander quel devait être alors l'avantage
d'un droit, destiné d'après ses auteurs mêmes, à
manquer son but. Mais passons plutôt à des questions
d'un intérêt plus pratique et plus spécial et constatons
tout d'abord que la quantité de blé, *apportée sur nos
marchés*, était loin de représenter la production totale
de la France.

_____

(1) Le régime de l'Echelle mobile vient en outre nous fournir
ici des exemples frappants de ce phénomène : en 1847, avant la
suppression des droits et l'arrivée des blés étrangers, les prix
se maintiennent à un taux exorbitant, et ils ne commencent à
baisser peu à peu qu'avec l'affluence des grains importés.

(2) V. par ex. : le discours de M. Méline au Sénat, séance du
24 mars 1885; et le rapport de M. Krantz à la même assemblée. *Journal Officiel*. Documents 1885-1886, page 52.

B   6

En effet, un grand nombre de cultivateurs ne prenant pas part aux ventes, puisqu'ils ne produisent que le blé nécessaire à leur nourriture, ne peuvent être intéressés à la hausse des prix. De ce chef, il faut donc réduire d'environ 25 millions de quint. le montant des céréales passant annuellement sur les marchés (1). Ainsi, 95 moins 25 c'est-à-dire 70 millions de quint. étant annuellement achetés et vendus, la proportion (10 millions) passait donc de 10 à 14, 3 %.

Certes, si le prix du blé en France n'avait pas été soumis aux fluctuations du marché européen, l'on aurait pu comprendre le calcul des protectionnistes sur les effets des droits : répartis par fraction sur les 70 millions de quint. qui paraissent sur le marché, les 30 millions de francs produits par la taxe de 3 fr. sur les 10 millions de quint. importés et seuls directement atteints, ne donnaient, en effet, qu'une augmentation de 0 fr. 43 par quintal.

Mais notre marché était loin de régler les cours et quelques chiffres démontreront clairement qu'ils étaient fixés au contraire par les conditions du marché

_____

(1) Chiffre cité à la Chambre par M. Langlois dans la séance du 3 février 1885. On peut l'établir sur les bases suivantes : dans l'*Économiste français* du 6 décembre 1884, M. P. Leroy-Beaulieu estime que 10 millions de cultivateurs produisent juste le blé nécessaire à leur consommation. Celle-ci calculée sur 700 gr. de pain par tête et par jour, soit par an et par personne 255 kgs. 1/2, c'était pour ces 10 millions de personnes un total de 25.000.000 de quint. n'entrant pas dans la circulation.

universel dont Londres formait le centre principal.

Années	PRIX DE L'HECTOLITRE		Différence
	France	Angleterre	
1880	22 90	19 20	3 70
1881	22 28	19 64	2 64
1882	21 51	19 53	2 08
1883	19 21	18 01	1 20
1884	17 89	15 45	2 44
Moyenne ..	20 75	18 36	2 40

Le droit de 0 fr. 50 par quint. imposé à la frontière française et l'abaissement des frets des transports dirigés sur les ports anglais, dont bénéficiaient les armateurs, grâce à la facilité d'y obtenir du fret de retour, expliquaient cette différence (2).

Du reste le tableau suivant des récoltes du blé dans le monde entier (en 1886), avec la moyenne des cinq années précédentes (3), démontrera mieux que nous ne saurions le faire, le peu d'importance de notre produc-

(1) V. *Journal des Économistes* du 15 juillet 1887. Les prix anglais sont tirés des « imperial averages ».

(2) Remarquons, en passant, l'influence minime, mais pourtant sensible qu'exerce le montant de la récolte intérieure sur notre marché : en effet, tandis que, en 1880, 1881, 1882, à la suite des mauvaises récoltes de 1879, 1880, 1881, l'écart est assez fort, les bonnes récoltes de 1882, 1883 agissent sur les cours en 1883 et 1884 et font baisser cet écart. Si, en 1885, la baisse ne se maintint pas, il faut en rechercher la raison dans l'attente du vote du droit nouveau de 3 fr. qui provoqua un accroissement des importations en France et par suite une grande demande et une légère hausse sur le marché de Londres.

(3) *Économiste français* du 18 septembre 1886 : estimations du Congrès du commerce des grains, tenu à Vienne en 1886. Ces chiffres concordent avec ceux donnés par l'*Agricultural*

tion et de notre marché vis-a-vis du mouvement des céréales dans l'univers.

	1886	Moyenne des 5 dernières années
France	105.413.000 hectol.	108.800.000 hectol
Russie	78.300.000 »	92.800.000 »
Autriche-H.	43.500.000 »	49.300.000 »
Allemagne	33.350.000 »	34.800.000 »
Grande-Bretagne	23.200.000 »	26.100.000 »
Espagne	46.400.000 »	49.300.000 »
Italie	49.300.000 »	55.100.000 »
Turquie	14.500.000 »	15.950.000 »
Roumanie	7.975.000 »	8.700.000 »
Hollande	1.740.000 »	2.030.000 »
Belgique	6.525.000 »	5.800.000 »
Danemarck	1.667.000 »	1.450.000 »
Grèce	1.710.000 »	1.450.000 »
Portugal	2.900.000 »	2.900.000 »
Suède, Norvège	870.000 »	1.015.000 »
Suisse	580.000 »	580.000 »
Serbie	1.595.000 »	1.450.000 »
Total pour l'Europe	419.555.000 »	457.525.000 »
Etats-Unis, Canada	171.100.000 »	181.250.000 »
Indes Anglaises	89.900.000 »	95.700.000 »
Australie	14.500.000 »	15.950.000 »
Algérie	11.600.000 »	11.600.000 »
Chili, Rép. Argentine	10.150.000 »	8.700.000 »
Egypte	5.800.000 »	5.800.000 »
Tunisie	1.000.000 »	
Mexique, Amérique centrale, Antilles	1.450.000 »	
Perse	9.424.000 »	
Asie mineure	15.224.000 »	
Afrique du sud	2.899.000 »	
Total général	742.642.000 »	

Département de Washington, et le *Journal des Economistes* du 15 juillet 1887.

En résumé, puisque notre production intérieure ne
réglait nullement nos cours et que les prix du marché
international s'établissaient ainsi, en dépit des droits de
douane français, il allait de soi que le blé se vendrait
chez nous trois francs plus cher que dans les pays non
protégés (1). Par la suite, l'expérience a prouvé d'une
manière complète, l'exactitude de ce raisonnement, et
l'examen des résultats produits par les taxes douanières,
nous montrera que loin d'être payé par l'importateur
étranger, comme le prétendaient certains protectionnistes, le droit sur les blés fut au contraire supporté
en totalité par le consommateur français, au plus
grand préjudice des ouvriers et des petits cultivateurs.

§ 2

RÉPERCUSSION DES DROITS PROHIBITIFS

SUR LE PRIX DU PAIN

A toutes les objections concernant la hausse du blé,
ceux que l'on appelait et que l'on appelle encore les
« partisans du pain cher » répondaient que, quelle
que soit l'élévation du cours des grains, le prix du
pain n'en serait pas modifié. Il était en effet hors
de doute que si cette assertion devait se réaliser, l'on
pouvait réclamer sans scrupule la protection la plus

---

(1) V. le discours de M. Peytral à la Chambre : séance du
12 février 1885.

énergique, puisque les intérêts des consommateurs ne
devaient pas s'en trouver lésés.

D'après les protectionnistes, il existait entre le prix
du pain et celui de la farine un écart considérable dont
la boulangerie profitait pour prélever un bénéfice très
grand. En 1880 (1), à Paris le blé atteint presque 23 fr.
l'hectol. et le pain est à 0 fr. 85 les 2 kgs. En 1885, le
blé est à 16 fr. 80 l'hectol. et le pain à 0 fr. 75 le 2 kgs.
L'on ne remarquait donc aucune baisse correspondante
dans la vente de ce dernier. Du reste, pendant toutes
les périodes précédentes, l'on constatait les mêmes
phénomènes : de 1864 à 1883, le pain n'était jamais
descendu au-dessous de 0 fr. 60 les 2 kgs. (2), bien que
le blé fût tombé au-dessous de 16 fr.50 (1865 : 16 fr. 41
l'hectol.); mais par contre, le pain monta jusqu'à
0 fr. 94 lors de la hausse du blé en 1873.

Dans ces dernières années, le pain aurait donc dû
subir une baisse beaucoup plus forte et en somme, si
le prix du blé devait monter par l'effet des droits, les
boulangers n'auraient qu'à prélever un bénéfice un
peu moindre sur leur vente; s'ils prétendaient au
contraire hausser leurs prix, les municipalités met-
traient en vigueur la loi du 19-21 juillet 1791 qui leur
permettait de fixer d'office le prix du pain.

Or (toujours d'après la thèse des protectionnistes),
en 1880 par exemple, il y avait entre les villes de
France des différences de prix considérables, mais
supportées sans murmures : 0 fr. 50 le kg. à Saint-

---

(1) Prix à Paris du pain moyen de bonne qualité.
(2) V. M. de Foville, *la France économique*, p. 107.

Étienne, 0 fr. 34, à Belfort (1), etc.; donc l'effet d'une
hausse générale devait se faire peu sentir. Enfin,
— en continuant toujours l'exposé des opinions protectionnistes, — les taxes actuelles d'octroi qui por-
taient cependant sur des objets de consommation
de première nécessité, étant acceptées sans trop de
plaintes, malgré une très importante répercussion sur
les prix de ces denrées, on pouvait facilement conclure
de tout cela que la hausse du pain passerait sans
doute inaperçue, sur les 77 millions de francs produits
annuellement par les 1.643 octrois de France.

À ces arguments, les libre-échangistes répondaient
de leur côté, que le prix du pain subirait au contraire
une hausse très appréciable qui suivrait celle du blé. Et
les faits sont malheureusement venus leur donner
raison.

La boulangerie, d'après eux, ne prélevait pas de
bénéfices exagérés, et si les prix ne baissaient pas
autant qu'ils l'auraient dû, il fallait en rechercher la
cause dans l'augmentation des frais généraux de ce
commerce, surtout dans les grandes villes. À Paris par
exemple, avant 1870 la clientèle était en moyenne
de 2.000 personnes par boulangerie; en 1885 celle-ci
était tombée à 800 personnes, dans le même temps
où les salaires, les loyers et le luxe des magasins augmentaient dans des proportions considérables.

Il fallait tenir compte aussi du changement qui
s'était produit dans les goûts; autrefois, d'un quintal
de blé l'on retirait 77 kgs de farine donnant 100 kgs

(1. *Annuaire du Ministère de l'Agriculture*, 1880.

de bon pain, actuellement on n'en tire plus que 70 à 75 kgs de farine, d'où seulement 94 à 95 kgs de pain plus beau et plus fin.

Quant à la taxe sur le pain (1), l'on ne pouvait que regretter qu'elle ne fût pas encore abolie; elle mettait (et met encore) entrave au décret du 22 juin 1863 sur la liberté du commerce de la boulangerie car, tant que les maires conservaient le pouvoir d'établir la taxe à leur volonté, il était certain que la boulangerie, toujours sous la menace de ces mesures, se refuserait à engager des capitaux dans des améliorations techniques. Enfin, autre résultat regrettable, non seulement elle maintenait le pain des quartiers pauvres au prix de celui des quartiers riches dans les grands centres, mais elle poussait encore le boulanger à diminuer la qualité de ses produits, en introduisant dans leur fabrication une plus grande quantité d'eau et de farines communes.

Au contraire, la libre concurrence sans restriction produirait des résultats tout autres et, à tous les points de vue meilleurs, car dans les familles de travailleurs, une hausse légère du pain se fait de suite sentir d'une façon très sensible.

Au siècle dernier, en effet, un économiste de valeur, Forbonnais, estimait aux 3/7 du budget des travailleurs français leur dépense de pain. M. d'Haussonville, (2) dans un article très approfondi sur la vie et

---

(1) *Journal des Économistes* du 15 décembre 1888 et du 15 juillet 1889. Cette loi permet aux municipalités de fixer pour le pain un prix de vente maximum.

(2) *Revue des Deux-Mondes* du 15 avril 1883, p. 828.

les salaires à Paris, assure que le pain entre pour
près de 1/3 dans la nourriture de l'ouvrier parisien
et pour 1/16 dans son budget. M. Lavollée (1) évalue
cette proportion pour l'ouvrier français en général,

mais vivant en famille, — à 1/4 de la nourriture et
1/6 du budget. M. Fournier de Flaix (2) établit ainsi la
dépense de pain pour un ménage d'ouvriers de quatre
personnes à Paris :

Consommation par tête et par jour 600 gram., soit
par an 876 kgs et à 0 fr. 35 le kg., une dépense annuelle
de 306 fr. Toute hausse de 0 fr. 05 par kg. provoque
donc, dans le cas très fréquent que nous citons,
un surplus de dépense de 43 fr. 80, somme considérable pour des budgets aussi modestes.

Ainsi, la boulangerie ne « devant » pas payer le
droit de douane, il était inévitable que la charge en
retombât sur le consommateur. Et, chose éminemment
regrettable, cette charge pesait de la façon la plus
sensible sur les familles les plus pauvres et les plus
nombreuses.

§ 3

SOLIDARITÉ DES INTÉRÊTS AGRICOLES ET INDUSTRIELS

Aux objections que nous venons d'exposer, les protectionnistes répondaient « qu'en admettant même que
le pain haussât de prix, les droits sur les céréales sont

(1) V. Lavollée : Les classes ouvrières en Europe, tome II.
(2) V. Fournier de Flaix : L'impôt sur le pain, 1885, p. 68.

un bien, car les intérêts de l'agriculture et ceux de l'industrie sont solidaires »(1).

Voici ce qu'ils entendent par là : l'ouvrier des villes est intéressé au développement de la richesse du paysan; car, si ce dernier est pauvre, ses achats de produits industriels, manufacturés par l'ouvrier des villes, diminuent, les salaires urbains s'abaissent d'autant et des chômages se produisent; ainsi toute crise agricole devient la principale cause d'une crise industrielle (2).

Il est donc préférable, d'après ce raisonnement, que l'ouvrier dépense de 10 à 15 fr. par an de plus et qu'il n'ait pas à subir de chômages ou de réductions de salaires. C'était le résultat que devait produire le droit de douane, en permettant à 18 millions d'habitants des campagnes, de vivre sinon dans l'abondance, du moins de recevoir de leur travail un prix rémunérateur.

Mais de graves objections viennent à l'encontre de ces opinions : du moment où l'ouvrier doit payer son pain plus cher, le droit de douane n'a plus pour conséquence que de retirer l'argent d'une poche pour le transporter dans une autre; non seulement la richesse de la nation ne doit pas s'en trouver accrue, mais l'on provoque encore un renchérissement de la vie dans tous les centres industriels et l'on risque fort par là, de restreindre nos exportations, en déterminant les

1 V. les discours, à la Chambre, de M. de Roys, le 5 février 1885, et de M. Méline, le 10 février 1885.

2 C'est pour remédier à cette dernière que le tarif général du 7 mai 1881 avait établi des droits de douane protecteurs sur les produits industriels étrangers.

pays atteints par nos tarifs protecteurs à se protéger
contre nos produits manufacturés.

De même, l'on peut contester avec raison le bénéfice
que la protection apporterait à toute la population
agricole; était-il exact que 18 millions d'habitants
devaient en profiter? Il semble bien au contraire que
la très grande majorité dût y perdre.

Sur une population de 37.405.290 âmes, d'après le
recensement de 1881, 18.249.209 seulement formaient
la population agricole. Et encore, de ce chiffre, qui
ne comprend que les habitants vivant de l'agriculture, fallait-il tout d'abord déduire 518.216 forestiers,
bûcherons, charbonniers, etc., qui ont tout intérêt à
payer le blé le moins cher possible. Si l'on soustrait
encore 3 millions de vignerons, jardiniers, maraîchers
et autres propriétaires ne cultivant pas de blé, l'on
arrive, en chiffres ronds, à 15 millions de Français
vivant uniquement de l'agriculture.

Et ces 15 millions ont-ils au moins tous intérêt à
la hausse des prix du blé? Remarquons déjà que
1.439.000 domestiques de ferme et 3.522.656 journa-
liers n'y gagneront rien, puisque la crise agricole,
loin d'atteindre les salaires, a même coïncidé, comme
nous l'avons vu, avec une hausse. Et si l'on retranche
encore 780.000 fermiers ou métayers et 3.885.500 petits
propriétaires, cultivant juste la quantité de blé nécessaire à leur consommation, l'on arrive ainsi à un
nouveau total de 10 millions de personnes environ
n'ayant aucun intérêt direct à la question (1).

(1) V. les articles de M. P. Leroy-Beaulieu dans l'*Économiste
français:* 6 décembre 1884, p. 603, et Fournier de Flaix

En somme, un peu plus de 5 millions d'agriculteurs (1), se livrant seuls à la vente du blé, étaient intéressés à l'élévation des cours. Quelques chiffres précis, produits à la tribune au cours des discussions, achèveront la démonstration.

Dans le département de la Creuse (2), pour 278.782 habitants, la consommation par an et par tête, y compris les semences, est de 252 kgs de blé, soit au total un besoin annuel de 70.253.000 kgs. Or, la production moyenne s'étant élevée, de 1881 à 1883, à environ 9.445.000 kgs, les 60.808.000 kgs ou 608.080 quintaux que le département devait acheter, correspondaient donc pour lui, avec l'augmentation de 3 fr. par quintal, à un surplus de dépenses de 1.824.000 fr. La Corrèze, le Cantal, la Haute-Loire, les Hautes-Pyrénées, les Pyrénées-Orientales et un grand nombre d'autres départements se trouvaient dans le même cas.

Mais prenons encore un autre exemple, choisi cette fois dans une commune entièrement rurale de Normandie et comptant 272 familles (3).

210 d'entre elles ne cultivant pas de blé et achetant 1.680 quintaux de pain par an, une surcharge de 3 fr. équivaudrait donc pour elles à une dépense supplémentaire de 5.040 fr. par an.

---

l'Impôt sur le pain, 1883, p. 71-3; c'est ce dernier que nous avons particulièrement consulté.

(1). Les chiffres auxquels arrive M. Leroy-Beaulieu sont toutefois un peu supérieurs.

(2) Discours de M. Martin Nadaud à la Chambre, le 25 février 1885.

(3) Disc. de M. Raoul Duval à la Chambre, le 7 février 1885.

20 familles récoltent juste le blé nécessaire à leur consommation.

42 familles en vendent au total 712 quintaux et feraient par suite un bénéfice supplémentaire de 2.136 fr.

Enfin les protectionnistes affirmaient, comme dernier argument, que le droit ne serait que provisoire et qu'il serait supprimé dès que l'agriculture se serait relevée, grâce à lui.

Leurs adversaires avaient cette fois beau jeu pour prédire la longue durée de cette nouvelle législation : la longueur des périodes précédentes où nous avions subi des droits protecteurs, les difficultés qui se présentèrent chaque fois que l'on voulut revenir à un régime plus libéral, étaient là pour servir d'avertissement.

Enfin, il y avait un autre danger à se lancer dans la voie protectionniste. Après avoir favorisé l'industrie et l'agriculture, n'allait-on pas être amené à protéger toutes les autres branches de la production nationale, jalouses des privilèges accordés à quelques-unes d'entre elles.

C'est du reste le raisonnement que tenait l'agriculture : par suite de la protection industrielle, elle était amenée à payer plus cher les produits fabriqués dont elle avait besoin ; il était donc juste de protéger aussi contre la concurrence étrangère ses propres produits.

§ 4

MOUVEMENT PROTECTIONNISTE EN EUROPE

Un argument dont la production fit le plus grand effet dans le pays comme à la Chambre, fut l'exemple de nombreux pays étrangers qui se laissaient gagner par le mouvement protectionniste, alors en voie de gagner toute l'Europe.

M. Méline disait très nettement à la Chambre « pour « que nous puissions appliquer le libre échange et « ouvrir notre marché aux nations voisines, il faut « qu'elles aient commencé par nous ouvrir le leur, « sans quoi nous sommes exposés à faire un marché « de dupes (1) ».

Et en 1885, il faut le reconnaître, les principales nations européennes avaient établi des droits sur l'entrée des céréales étrangères; elles suivaient en cela l'exemple des Etats-Unis qui, après la guerre de Sécession, avaient établi une législation douanière très protectrice et avaient adopté des mesures analogues, poussés, soit par le désir de protéger leur agriculture, soit par la pression de groupes parlementaires agricoles puissants, soit par la crainte de l'envahissement des produits anglais.

Voici quel était, sur ce point, l'état de la législation

---

1. Séance du 10 février 1885.

dans les divers États européens et aux États Unis :

États	Droit sur le Blé	Droit sur la farine	Date
Autriche-Hongrie	1 25 par quintal	3 75 par quintal	Loi du 25 mai 1882
Allemagne	1 25 "	3 75 "	" 1er oct 1879
Espagne	4 20 "	8 25 "	" juillet 1877
France	0 60 "	1 20 "	" 28 mars 1861
Grèce	1 20 "	4 00 "	" "
Italie	1 40 "	2 77 "	" 2 août 1883
Norvège	0 31 "	1 74 "	" de 1878
Russie	0 00 "	2 44 "	" de 1879
Serbie	1 00 "	6 00 "	" "
Suisse	0 30 "	1 00 "	" "
Turquie	8 % ad valorem	8 % ad valorem	" "
États-Unis	2 94 par quintal	6 00 par quintal	" "

Ni l'Angleterre, ni la Belgique, ni les Pays-Bas n'avaient de droits ; ceux de la Suisse et de la Norvège étaient purement fiscaux. La nécessité des fortes importations dans ces pays nous explique leur législation libérale.

L'on invoquait donc chez nous le manque de réciprocité entre nos tarifs et ceux de l'étranger (1), non seulement en ce qui concernait les céréales, mais encore pour les autres denrées alimentaires et un grand nombre d'autres articles. Dans leur ensemble, nos tarifs étaient plus bas que ceux des pays voisins.

La France, concluait M. Méline, ne pouvait laisser son marché ainsi ouvert sans s'exposer à la ruine ; ni la houille, ni le fer n'y étaient à des prix aussi bas qu'en Allemagne et en Angleterre, et les impôts consi-

1 L'on faisait remarquer que depuis la loi douanière allemande protectrice de 1881, nos exportations de farine dans ce pays avaient baissé de 70.000 à 9.000 quintaux.

dérables qu'elle supportait (104 francs par tête en
1885) (1), venaient encore augmenter ses frais de production. « Notre régime économique, ajoutait-il, repose
« entièrement sur cette idée: que nos droits de douane
« ne sont que la compensation de l'écart qui existe
« entre nos frais de production et ceux de la concur-
« rence étrangère. »

Telle était la théorie des droits compensateurs qui
fit tant de bruit à cette époque. Mais ce raisonnement
n'était pas de tous points exact, car les produits de
l'agriculture étrangère sont, dans leur pays d'origine
même, soumis à de lourds impôts; et, si M. Méline
cite comme point de comparaison la somme des impôts
payés par tête, M. P. Leroy-Beaulieu (2) nous rappelle que,
en Italie et en Autriche-Hongrie, l'impôt foncier était
aussi élevé qu'en France et que, en Angleterre et aux
États-Unis, de lourdes taxes locales grevaient la terre.

§ 5

CONSIDÉRATIONS DIVERSES

Enfin, un des derniers arguments mis en avant par
les protectionnistes, avait trait au budget : 10 millions
de quint. d'importations par an, payant 3 fr. par quint.,

---

(1) Discours de M. Méline à la Chambre, le 10 février 1885 :
il donnait, pour les autres pays : Amérique, 50 fr. par tête;
Angleterre, 57 fr.; Allemagne, 44 fr.; Belgique, 46 fr.; Autriche,
44 fr.; Russie 31 fr.; Espagne, 33 fr.
(2) P. Leroy-Beaulieu : *Traité de la Science des finances*,
3e édit., t. I, p. 324-328.

devaient rapporter 30 millions de fr. (1) au budget, et
donner par suite tout bénéfice au Trésor et au pays,
puisqu'ils devaient être payés par les importateurs
étrangers. Mais en réalité, ce devaient être les consommateurs qui supporteraient les droits ; c'étaient donc
en fin de compte les contribuables qui devaient avoir à
payer ce nouvel impôt et ce fut du reste, ce qui arriva.

D'autres arguments étaient encore avancés par les
libre-échangistes. La Commission, chargée de l'examen des propositions de lois douanières et le Gouvernement avaient affirmé que les droits seraient suspendus dès que les cours des grains viendraient à s'élever ;
mais c'était alors revenir au régime de l'Echelle
mobile, dont les inconvénients ont été suffisamment
démontrés.

Chose curieuse à constater, c'étaient les protectionnistes qui, tout en provoquant une baisse des frets
maritimes, par des primes énormes accordées à la
marine marchande (et pourtant impuissantes à la relever), se plaignaient de la décroissance grandissante
de ces mêmes frets (2).

Pour faire éclater l'inanité de ces mesures, les partisans du « pain à bon marché » expliquaient encore

---

(1) Il fallait ajouter à ce chiffre 1,9 million de fr. pour la
farine, sur laquelle on proposait un droit de 7 fr. par quint. : en
tenant compte de la moyenne des importations dans les trois
dernières années : 271.700 quint. Nous examinerons du reste, à
part, la question de la farine.

(2) Aux Etats-Unis, en 1883, nos navires ne représentent que
376.890 tonnes (appartenant du reste presque exclusivement à la
Compagnie transatlantique) contre 6.775.000 à des navires
anglais et 1.412.113 à des vaisseaux allemands.

très justement, que la baisse des revenus du sol coïn-
cide généralement avec la baisse de tous les autres
revenus mobiliers, que ce mouvement est universel et
tient à des causes permanentes, contre lesquelles l'État
ne saurait sérieusement réagir par des mesures législatives, pas plus qu'il ne peut songer à élever le prix
du coton, de la houille, du fer, etc., etc. Il était donc
très improbable que les lois agraires pussent atteindre
leur but (1).

Mais arrivons à l'argument des protectionnistes,
si important par l'impression qu'il fit sur la population:
la crainte de voir nos importations de grains arrêtées
en cas de guerre et notre pays exposé à de graves
disettes, pouvait justifier l'établissement de droits protecteurs qui permettraient à l'agriculture de se relever,
de se perfectionner et de produire assez de froment
pour suffire à notre consommation.

Cet argument patriotique était juste sans doute, tel
qu'il était présenté, mais on ne pouvait prétendre lui
subordonner la nécessité primordiale d'assurer aux
populations le pain au meilleur marché possible.

Mais en fait, cette crainte de la famine en cas de

---

(1) Remarquons ici, — ce qui est intéressant au point de vue
des origines de la campagne protectionniste, — que les régions
de France où la crise agricole était la plus sensible, le Nord,
étaient celles où la prospérité agricole avait été la plus grande,
avant la crise sucrière, alors que la culture de la betterave donnait de magnifiques résultats. C'était un région de grands
propriétaires, disposant de grosses influences: et les comptes
d'exploitation étant tenus avec soin, ils s'aperçurent, avant
bien d'autres, de la baisse qui les atteignait. Il n'y avait donc
rien d'étonnant à ce que le mouvement protectionniste y eût
pris tout d'abord naissance.

guerre, semblait bien vaine; même en cas de blocus complet de nos côtes par des flottes ennemies interdisant l'accès de nos ports, les grains étrangers américains ou autres, n'en arriveraient pas moins par la Belgique ou par la Suisse, avec une très minime augmentation des prix (1). Du reste ce ne serait pas l'établissement de taxes douanières qui empêcherait les mauvaises récoltes et qui nous dispenserait par suite, d'avoir recours aux importations.

Sur deux points cependant l'opinion de certains libre-échangistes semblait établie sur des fondements peu solides : lorsqu'ils admettaient l'idée que la France pourrait sans inconvénients passer à d'autres cultures que celles des céréales et lorsqu'ils craignaient les représailles de l'étranger, en réponse aux barrières que nous allions élever à nos frontières.

D'après quelques-uns d'entre eux, dans les terres où le blé n'offrait pas de résultats suffisants et ne donnait que des rendements très bas, il fallait en abandonner la culture, la remplacer par d'autres ou consacrer ces terres à des herbages, destinés à l'élevage ; on réduirait ainsi les emblavements aux seuls terrains favorables au froment, et grâce à des méthodes perfectionnées, de beaux rendements y seraient assez rapidement obtenus, à des prix très bas. Et, conséquence très importante, la production totale de la France serait

___

(1) Le blé n'est du reste jamais classé dans la contrebande de guerre. Tout récemment encore, à propos de farines américaines à destination du Transvaal, l'on a vu l'Angleterre reconnaître, bien qu'à regret, ce principe.

par là même accrue et pourrait suffire à tous nos besoins.

Malheureusement, si séduisait qu'il fût, ce plan n'était réalisable que dans une proportion infime : le blé, par la force même des choses, restera toujours une des cultures principales dans bien des terrains incapables de produire autre chose : tel le sol sec et pierreux de l'Auvergne et de la Lozère, etc., où le manque d'eau rendrait impossible la création de pâturages.

Quant à la crainte des représailles, elle était rendue indiscutablement vaine par l'infériorité de nos tarifs douaniers vis-à-vis de ceux des autres pays (1) et, après le vote de la taxe de 3 fr. en 1885, il ne se produisit à l'étranger que des protestations sans grande importance : on en trouvera l'exposé dans l'examen des résultats de cette loi douanière.

---

(1) Discours de M. Méline à la Chambre, 10 février 1885.

CHAPITRE III

Campagne protectionniste et Mouvement législatif

Nous examinerons d'abord les phases de la lutte entre les partisans des droits nouveaux et les défenseurs du système ancien, puis, après le triomphe des premiers, l'établissement et le développement de la législation protectionniste par les lois ou décrets de 1885, 1887, 1891, etc. Nous terminerons par une revue rapide de mesures particulières, destinées à en compléter les résultats : l'admission temporaire et la loi du cadenas.

I

La Campagne protectionniste

Les intérêts mis en jeu étaient si considérables, les passions en présence si puissantes, que la lutte se poursuivit avec un acharnement réciproque, pendant

plusieurs années ; commencée en 1880, elle ne se ter-
mina qu'en 1885, par l'adoption des mesures protectionnistes réclamées.

Rien du reste de ce qui pouvait influer sur l'opinion
publique ou parlementaire : réunions, brochures, discours, pétitions, etc. ne fut négligé, aussi bien, il est
vrai par les uns que par les autres; et chacun préten-
dit donner son avis.

Comme adversaires de ces taxes douanières, nous
rencontrons tout d'abord les ports de commerce et
tous ceux qui, pour des motifs divers, étaient intéressés à la persistance des grands échanges de capitaux entre notre pays et les nations voisines. Les
ports prévoyaient un ralentissement des importations et par suite une diminution de trafic, les
banquiers craignaient dans un avenir prochain une
stagnation de notre commerce extérieur. Les économistes enfin, interprètes convaincus des théories libre-
échangistes, s'attendaient à une élévation du prix du
pain coûteuse pour les consommateurs.

Mais les partisans de la protection agricole n'appa-
raissent pas en moins grand nombre ; tous les cultivateurs, les gros comme les moyens et les petits, demandaient des mesures protectrices, ainsi qu'une savante
campagne les y avait déterminés.

Dès 1880, M. Pouyer-Quertier parcourait la province
signalant le danger des importations américaines,
tandis que des circulaires envoyées à profusion dans
toutes les communes rurales de France, démontraient
l'utilité de la protection. Mais l'on se gardait bien
d'insister sur la hausse qu'éprouverait le pain, et dont

tout le poids retomberait sur les consommateurs non
producteurs de blé. Seul, un côté de la question était
touché, à savoir qu'une taxe douanière sur les céréales,
permettrait aux cultivateurs de vendre leur blé plus
cher que sous le régime libre-échangiste.

Les efforts furent couronnés de succès et la campagne réussit. Quatre-vingt-trois volumes, contenant
des demandes de droits, parvinrent aux Chambres,
dont les membres, représentants pour la plupart
d'arrondissements agricoles, effrayés par ce mouvement général des campagnes, devinrent bientôt de
fervents adeptes de la politique nouvelle.

Devant ces efforts, il eût semblé logique, que,
menacée plus que tout autre par ce renchérissement
inévitable du pain, la population urbaine industrielle,
dût embrasser avec ardeur la cause adverse. Il n'en
fut rien, et MM. Funck-Brentano et Dupuis (1) nous
montrent très clairement les causes de cette attitude :

« Patrons et ouvriers, disent-ils, espéraient trouver
« dans les droits de douane élevés une garantie de
« leurs bénéfices et de leurs salaires. C'est en vain
« que les partisans du libre-échange se flattaient de
« rencontrer un écho dans la population urbaine, en
« appelant la réprobation sur la politique du pain cher
« et en opposant les intérêts des consommateurs à
« ceux des producteurs. L'argument a obtenu peu de
« faveur, car, sauf une classe minime de la nation,
« fonctionnaires et rentiers, assurés d'un gain toujours
« à peu près fixe, tout consommateur est en même

(1) V. « Les tarifs douaniers et les traités de commerce, p. 29.

« temps producteur et ne peut consommer que dans
« la mesure où sa production est rémunérée ; mieux
« vaut payer le pain un peu plus cher et n'avoir ni
« chômages ni réduction de salaires ou de bénéfices.
« Telle est la raison qui a confondu dans un même
« désir de protection, agriculteurs et industriels,
« patrons et ouvriers. Les uns ont consenti à la pro-
« tection des autres pour être eux-mêmes protégés. »

Ce furent donc les gros propriétaires qui prirent
la direction de la campagne engagée. Solidement
organisés et unis, ils possédaient en outre des journaux très répandus et un organe central puissant la
« Société des Agriculteurs de France ».

La discussion du tarif douanier de 1881 qui avait
établi des taxes protectrices sur les produits industriels (1), permit de porter la question à la tribune de
la Chambre et fut ainsi le signal d'une transformation
complète de notre politique douanière.

En effet, depuis le traité de commerce franco-anglais
de 1860, nos taxes d'entrée ne défendaient plus qu'un
certain nombre d'industries manufacturières, et
encore ces barrières devaient, dans l'esprit des hommes d'État de l'empire, s'abaisser peu à peu jusqu'à
leur transformation définitive en de simples taxes
fiscales dans un temps plus ou moins long.

En 1881, la crise agricole n'en était qu'à ses débuts
et les prix du blé se maintenaient encore à 22 fr. 90
l'hectolitre (en 1880). Aussi les demandes protection-

(1) Ce tarif était du reste plus modéré que ceux de la plupart
des autres États européens.

nistes de l'agriculture furent-elles, à cette époque, peu vives ; le Gouvernement les repoussa (1) et obtint gain de cause sans difficulté. On promit cependant aux agriculteurs de ne plus introduire les céréales dans les traités de commerce renouvelés, afin de permettre ultérieurement une modification des tarifs d'entrée des grains, si le besoin s'en faisait sentir.

Sur ces entrefaites, la baisse croissante des blés, de 1880 à 1884, (l'hectolitre vaut 22 fr. 90 en 1880 et 17 fr. 89 en 1884) redoubla puissamment l'activité de la campagne protectionniste. C'est alors que le groupe agricole eut l'idée heureuse et habile, de s'unir avec « l'Association de l'Industrie française » qui, réorganisée depuis 1878 (2), avait obtenu des Chambres le vote des droits protecteurs de 1881. Jaloux des tarifs dont bénéficiait l'industrie, les agriculteurs avaient gardé jusque-là des rapports très froids avec les industriels, mais le fait d'un appui mutuel leur parut avantageux à tous deux ; l'union nouvelle les rapprocha et fut bientôt consacrée par un succès complet des réclamations protectionnistes.

Une des plus importantes manifestations que provoquèrent les protectionnistes, fut la réunion tenue à Paris, les 20 et 21 novembre 1884, par les agriculteurs de France. Plus de 500 membres munis de mandats formels de Sociétés ou de Comices agricoles, vinrent déposer des demandes d'augmentation de droits.

---

(1) A noter un discours de M. Rouher qui obtint un très grand succès, à la Chambre le 11 février 1880.

(2) C'était l'ancienne « Association pour la protection du travail national » qui s'était reconstituée sous un autre nom.

D'autre part, un très grand nombre de Conseils généraux se prononcèrent dans ce sens (1), à leur session d'automne et fait assez remarquable, ils furent suivis dans leurs vœux par des départements cependant in'téressés au libre-échange et au bas prix des grains, tels les Basses-Pyrénées, dont la culture de blé était insignifiante.

Enfin, quelques rares Chambres de commerce (2) et la Chambre syndicale des grains et farines de Paris (3) émirent des vœux semblables.

La moyenne des droits demandés était fort élevée et variait de 5 à 7 fr. par quintal.

En face de ce déploiement d'efforts, les libre-échangistes ne restèrent pas inactifs ; une « Association pour la défense de la liberté commerciale » fut fondée à Paris, sous la présidence de M. Léon Say (4) et bientôt à Bordeaux, à Marseille etc., des Sociétés semblables furent constituées. Une vigoureuse campagne de presse fut menée dans les grands journaux économistes, contre cet établissement de barrières douanières sur les denrées de première nécessité. Les Chambres de commerce de la plupart des grands ports et des

---

(1) Ceux de l'Aisne, Eure-et-Loire, Eure, Côtes-du-Nord, Loire-Inférieure, Nord, Pas-de-Calais, Oise, Indre, Meurthe-et-Moselle, Meuse, Marne, Ardennes, Côte-d'Or, Haute-Garonne, Yonne, Vendée, Dordogne, Basses-Pyrénées.

(2) Seules, celles de Toulouse, Saint-Omer et Saint-Quentin.

(3) Séance du 9 décembre 1884.

(4) Ce n'était qu'une transformation de l'ancienne « Ligue contre le renchérissement du pain et de la viande. »

centres de transactions sur les grains (1), protestèrent
avec énergie contre les taxes protectrices.

Mais tout fut en vain.

Toute ces discussions eurent rapidement un écho
dans le Parlement, et le 23 mai 1884, une proposition
de loi, demandant des droits élevés sur l'introduction
des céréales, fut déposée sur le bureau de la Chambre.
C'est ce projet qui, après des débats vifs et appro-
fondis, fut accepté par la Chambre et le Sénat et
devint la loi du 29 mars 1885 ; un droit de 3 fr. par
quint. frappait désormais les blés importés.

II

Constitution de la législation protectionniste

La législation protectionniste se constitua par une
suite de lois et de décrets qui développèrent, en les
aggravant surtout, les mesures de 1885. Ce furent
celles-ci du reste qui fournirent la base générale du
système adopté.

---

(1) Chambres de commerce de Bordeaux, Marseille, Paris,
Lyon. Chambre de Commerce française de Londres, assemblée
générale du 7 février 1885. Le Conseil municipal de Lyon, à la
suite de meetings d'ouvriers sans travail, contre le renchérissement des vivres et la protection. La Chambre syndicale des
minotiers et des fabricants de semoule de Marseille protesta
aussi. Dans cette dernière ville, la « Ligue contre le renchérissement du pain » calcula que chaque tonne de blé déchargée
laisse 11 fr. sur la place, d'où crainte de voir les importations
diminuer.

§ 1er

LOI DU 29 MARS 1885

Article premier. — Le tableau A (tarif d'entrée) du tarif général des douanes est modifié comme suit :

		Produits d'origine européenne ou importés directement d'un pays hors d'Europe.	Produits d'origine extra-européenne ou importés des entrepôts d'Europe. (1)
Froment Epeautre	grains	3 fr. par 100 kgs	6'60 par 100 kgs
Méteil	farines	6 » »	9 60 »
Avoine Seigle Orge	grains	1 50 »	5 10 »
Malt		1 90 »	5 50 »

Article 2. — Les numéros 69 et 70 du tarif général des douanes sont ainsi modifiés : « le biscuit de mer, les gruaux, semoules en gruaux (grosse farine), les grains perlés ou mondés (2), paieront un droit de

---

(1) Une surtaxe de 3 fr. 60 par quint. pénétrant en France et provenant d'un entrepôt d'Europe et non du lieu même de production, avait été établie en 1881, afin de réserver à nos ports le mouvement des importations directes des céréales depuis leur pays d'origine.

(2) Grains perlés ou mondés, c'est-à-dire dépouillés de leur enveloppe dite tégument. Le gruau est formé de grains mondés moulus grossièrement. Le malt se compose de grains d'orge germés et séchés dont on a séparé les germes. Le méteil est un mélange de grains de seigle et de froment. L'épeautre est une espèce de froment rustique, cultivé dans les terrains maigres et pouvant supporter un climat rigoureux ; le grain a l'inconvénient de se séparer difficilement des balles. Sa culture est de plus en plus abandonnée.

6 fr. 60 par 100 kgs. La surtaxe d'entrepôt leur est
applicable.

Article 3. — Les grains étrangers dont les importateurs justifieront dans les 15 jours de la promulgation de la loi, qu'ils ont été embarqués directement
pour un port français, mais antérieurement au
30 novembre 1884, seront admis aux conditions en
vigueur au jour de leur embarquement (1) ».

Ainsi que nous le verrons dans un chapitre spécial
(v. chap. V, p. 145, le maïs et le riz échappèrent avec
peine aux droits restrictifs.

L'article 3 de la loi fut particulièrement l'objet
d'une assez longue discussion. La Commission proposait la date du 5 mars 1885 ; mais M. Méline fit adop-
ter celle du 30 novembre 1884, afin que les cargaisons
parties avant le dépôt du projet de loi, fussent seules

---

(1) Rapport de la Commission déposé à la séance du 15 décembre 1884, en faveur de la protection. La loi fut votée à la
Chambre, par 264 voix contre 150 et au Sénat par 178 voix contre
75 (le 28 mars 1885). Auparavant, plusieurs propositions de
droits plus élevés avaient été rejetées :
1° Droit de 5 fr. proposé par M. Ganault, repoussé le 21 fév. 1885.
2° » 4.20 » M. des Rotours » 21 »
3° » 4 » M. Demarcay » 23 »
4° Un amendement de M. Denayrouse » 23 » et
tendant au rétablissement de l'Echelle mobile et assurant
l'entrée libre des grains quand les cours dépasseraient 30 fr.
l'hectol. Sur les farines l'on repoussa aussi un droit de 9 fr.,
proposé par M. Ganault, de 5 fr., par M. Langlois et de 7 fr.,
par la Commission. D'autres amendements proposant des dégrè-
vements d'impôts et repoussant des droits protecteurs, furent
écartés : projets exemptant de l'impôt les propriétés non bâties
et taxant lourdement l'alcool ; projets supprimant les droits de
transmission des immeubles ruraux.

exemples du nouveau tarif. Dès le mois de novembre en
effet, l'on pouvait prévoir avec quelque certitude, l'établissement des droits protecteurs, et le commerce s'était
empressé d'importer de grosses quantités de blés. Au
22 mars 1885, 7,800,000 hectol. (1), d'après les estimations générales, étaient en route pour la France, sur
373 navires. Si la date du 5 mars 1885 avait été adoptée, un nombre considérable d'importations auraient
été introduites en franchise, retardant de six mois
l'effet de la loi (2).

En somme, la loi de 1885 abolissait l'état de choses
existant en droit depuis 1860 et en fait, depuis
1853 (3); elle posait le principe, fertile en conséquences,
de la protection douanière agricole; et dès le début,
les taxes atteignirent des taux élevés, car le chiffre de
3 fr. par quint., sur un produit valant (en 1884)
17 fr. 89, représentait un droit de 17 %.

Mais, avant d'examiner les premiers résultats de
cette loi, voyons quels étaient les droits sur les
farines. Le blé étant taxé, l'on ne pouvait laisser la
farine entrer en franchise; il fallait, au contraire, la
frapper d'un droit au moins équivalent : 100 kgs de blé
donnant environ 70 kgs de farine, un droit de 3 fr. sur
le blé, correspond à un droit de 3 fr. sur 70 kgs de
farine, ou de 4 fr. 30 sur le quint. Ce dernier chiffre

(1) Chiffres cités au Sénat le 26 mars 1885.
(2) La loi dite du « Cadenas », adoptée en 1897 et dont le but
était de parer à cet inconvénient, forme l'objet d'un paragraphe
spécial à la fin de ce chapitre.
(3) 1860 : date de l'abolition officielle; 1853 : date de la
suspension.

répondait donc au désir de protéger l'agriculture ; mais les intérêts, du reste légitimes, de la meunerie, demandaient un chiffre plus élevé ; car il était bien préférable que toutes les importations de céréales se fissent sous forme de grains au lieu de farine. Cela était évident et désirable à plusieurs points de vue : pour le profit de la meunerie que nous avions tout intérêt à développer sur notre sol (1), pour les salaires qu'elle fournit à nos nationaux, pour le bien de l'agriculture qui utilise les issues, sons, etc., pour la nourriture du bétail.

Le tableau suivant de la marche ascendante des importations de farine de 1870 à 1881, montrera combien la meunerie française, après quelque temps de prospérité, s'était laissée dépasser par l'étranger.

Années	Importations	Exportations	Excédent des Importations	Excédent des Exportations
1875	28.838 q	2.144.710 q		2.115.872 q
1876	40.607	1.307.423		1.266.846
1877	63.418	1.686.603		1.623.185
1878	74.437	363.088		288.647
1879	119.252	191.092		71.840
1880	280.392	151.388	128.804 q	
1881	235.693	166.941	68.752	
1882	326.656	97.412	229.244	
1883	430.690	122.820	307.870	
1884	503.491	107.084	396.407	

Notre matériel trop ancien, nécessitait d'urgentes modifications ; or pour faciliter ce changement d'outil-

---

(1) L'on estimait à 140,000 le nombre des paires de meules et à 500,000 celui des ouvriers employés pour la minoterie française.

lage, il était bon de protéger la meunerie par des
droits élevés sur l'entrée des farines.

Le droit de 6 francs était rigoureusement calculé.
En 1885, avant le vote de la loi douanière, la taxe sur
le quint. de farine qui était de 1 fr., (1) correspondait
par rapport au droit de 0 fr. 50 sur le blé, à un surplus de protection de 0 fr. 35. Pour compenser ce très
minime avantage à la meunerie, il fallait donc ajouter
ces 0 fr. 35 aux 4 fr. 30 mentionnés plus haut et fixer
ainsi le droit sur la farine à 4 fr. 65 par quint.

Mais l'on réclamait généralement un chiffre plus
élevé. Un député libre-échangiste proposa 5 fr., le
Gouvernement, 5 fr. 20, la Commission, 7 fr., M. Ganault,
9 fr. Celui de 7 fr. était le mieux étudié, calculé d'après
les bas prix auxquels l'on procédait en Belgique principalement, à la transformation de blé en farine : à
Anvers, par exemple l'absence de tous droits et l'outillage perfectionné du port diminuaient de 1 fr. le prix de
revient du quintal de froment, par comparaison avec
les ports français; le charbon et la main d'œuvre y
étaient à des prix inférieurs de près de moitié à ceux
des grands centres de notre pays, et le minotier belge
pouvait produire sans difficulté, le quintal de farine
à 3 fr. moins cher que son concurrent français.

Ce droit de 7 fr. répondait aussi à la protection
accordée, en 1881, à l'industrie. Pourtant ce chiffre
fut trouvé un peu fort et le tarif inséré dans la loi,
fut seulement de 6 fr. (2).

---

(1) Droit établi en 1861.
(2) Remarquons que les pays étrangers avaient adopté une
différence analogue entre les droits sur le blé et ceux sur la
farine.

Quels furent les résultats de ces mesures de 1885?

Tout d'abord, loin d'amener une amélioration dans les cours des blés, ces derniers continuèrent à baisser progressivement. Un stok considérable de froment, introduit en France avant l'application du nouveau tarif, mit obstacle au début, au relèvement des prix; en outre, la récolte de 1885 s'étant trouvée bonne (109 millons d'hectol.) le nouveau droit ne put empêcher la baisse. En 1885, l'hectol. vaut 16 fr. 80 contre 17 fr. 89, l'année précédente; en 1886, il tombe à 16 fr. 15. Aussi, dès 1887, une surélévation des tarifs est-elle demandée de tous côtés.

Quant aux représailles douanières que l'on redoutait de la part des nations lésées, la crainte resta vaine. Seuls, trois pays protestèrent. Les plaintes réitérées de la Hongrie ne purent déterminer le Gouvernement austro-hongrois à engager avec la France une guerre de tarifs. La Russie, en réponse aux nouveaux tarifs français, (et aussi aux nouveaux tarifs allemands de mai 1885, releva en bloc ses tarifs de 20 % par décret impérial du 3 juin 1885. En Roumanie, la protestation fut plus vive: la loi du 18 mars 1885, abrogea celle du 25 juillet 1878 qui accordait à nos produits le traitement de la nation la plus favorisée. La nouvelle loi (par son article 3), donnait au Gouvernement le droit de taxer les marchandises françaises jusqu'à 50 % *ad valorem*. Comme l'on pouvait s'y attendre, le Gouvernement français riposta aussitôt par des mesures semblables, dirigées contre les produits roumains. La lutte ne fut heureusement que de courte durée et, dès le 1er juillet 1886, un nouveau traité de commerce

rétablissait les relations régulières entre les deux
pays.

Telles furent les faibles représailles que provoqua
la législation nouvelle ; leur peu d'importance était du
reste facile à prévoir, comme nous l'avons dit plus
haut.

En comparant nos cours à ceux du marché de
Londres, il faut reconnaître, malgré la baisse indiscutable des nôtres, que la loi du 29 mars 1885, empêcha
la baisse générale des prix du blé d'atteindre le marché français autant que ceux de l'étranger. Mais c'est
à cela que se bornèrent les conséquences heureuses du
droit de 3 fr. (1)

Dès 1886, des propositions de loi réclamant une
protection plus efficace, furent déposées à la Chambre.
Le Gouvernement, encore indécis, en obtint l'ajour-
nement à la session suivante et au début de 1887 (2), la
discussion reprit avec plus de force que jamais. On
invoqua à nouveau la détresse des agriculteurs, forcés
de vendre leur blé à un prix qui était loin d'être rémunérateur ; le prix de 16 fr. environ l'hectol. était certai-
nement au-dessous du prix de revient.

(1) V. le rapport de M. de Roys. *Journal Officiel*. Chambre
docum. 1886, section extraordin., p. 25.

(2) V. dans ces discussions, qui durèrent du 28 juin au 3 juillet 1886, le discours de M. Paul Deschanel (séance du 28 juin,
1886), qui invoqua avec talent, l'argument patriotique dont il a
été parlé plus haut.

§ 2

Loi du 29 mars 1887

La loi du 29 mars 1887 fut le résultat de ces nouveaux efforts des protectionnistes ; elle porta les droits pour le blé, à 5 fr. par quintal et à 8 fr. pour la farine.

Une disposition importante, contenue dans l'article premier, autorisait le Gouvernement, en l'absence des Chambres, mais sauf ratification lors de leur rentrée en session, à supprimer momentanément les droits, si les prix du blé venaient à atteindre un taux trop élevé. L'utilité publique exigeait évidemment que, lors d'une hausse rapide du cours des céréales, la suppression du droit vint rendre la liberté à l'importation étrangère (1).

C'est cette prévision des législateurs de 1887 que nous avons vue se réaliser récemment en 1898, à la suite des mauvaises récoltes de l'année précédente.

Cette fois du reste, les résultats ne se firent pas attendre et les cours se relevèrent aussitôt : en janvier 1887, l'hectol. valait 21 fr. 78, à Paris, 25 fr. 71 en juin. Et cet effet des droits persista même dans les années suivantes : en 1888, 1889, 1890, l'hectolitre de blé se maintint entre 18 fr. 50 et 19 fr. Mais ce résultat des droits apparait encore plus clairement, si l'on compare nos cours avec ceux des pays voisins : à Lon-

_____

(1) La Commission désirait le rétablissement d'une sorte d'Echelle mobile, proposition qui fut heureusement repoussée et remplacée par cette disposition de l'article 1er de la loi.

dres, à Anvers, une différence de 5 à 6 fr. par quintal,
marque cet avantage (?) du marché français (1).

Aussi, satisfaite de la situation, l'agriculture avait
cessé ses plaintes et la question des tarifs douaniers
sur les céréales semblait tombée dans l'oubli, quand la
mauvaise récolte de 1891 vint provoquer tout à coup
une hausse considérable.

En effet, dans l'hiver 1890-1891, des circonstances
atmosphériques défavorables anéantirent une très
grande partie des blés ensemencés à l'automne : le
10 avril et pendant les quelques jours qui suivirent, les
cours atteignirent à Paris 22 fr. 70 l'hectol., soit 30 fr. 25
le quintal. Le pain haussa dans toute la France, des
plaintes unanimes éclatèrent et le principe de la protection étant ainsi remis en question, les libre-échangistes en demandèrent avec vigueur la suppression.

Emu à la fin, du danger de cette situation, le Gouvernement, par la voix de M. Viger, ministre du
Commerce, proposa à la Chambre (2) de réduire pour
quelques mois, le droit de 5 fr. à 2 fr. 50, afin de permettre l'introduction de grains étrangers à des prix
inférieurs à ceux du moment. Mais ce fut en vain et,
malgré les efforts de plusieurs députés, dont un certain nombre réclama même la suspension temporaire

(1) Il n'est pas possible d'éviter ce mélange des quintaux et
des hectol.; les transactions internationales sur les céréales, se
traitent par quintaux; tandis que, dans l'intérieur du pays,
elles ne portent, en général que sur des hectol. C'est un usage
auquel nous ne pouvons nous soustraire.

(2) *Journal Officiel*, 1891. Chambre, documents, p. 1.009.

pure et simple de tout droit (1), les protectionnistes, appuyés du reste par la Commission des douanes (2), gardèrent leurs avantages et n'accordèrent qu'une simple diminution momentanée des taxes (3).

§ 3

LOI DU 2 JUILLET 1891

Cette loi réduisit le droit sur le blé à 3 fr., celui sur les farines à 6 f., du 10 juillet 1891 au 1er juin 1892.

Grâce à cette réduction, les céréales allaient donc pouvoir arriver en grandes quantités sur notre marché, jusqu'aux approches de la moisson suivante. Les résultats de cette mesure furent bons ; des importations considérables firent presque immédiatement baisser les cours ; pendant tout le reste de l'année, ils se maintinrent en moyenne à 19 fr. 60 par hectol. ou 26 fr. 10 par quintal. En 1892, l'expiration des traités de commerce (devant avoir lieu le 1er février) permit d'effectuer dans un sens très protectionniste des modifications au tarif général des douanes (4). Celui-ci fut

(1) Proposition de M. Laur, et discours de M. Raiberti dans la séance du 15 juin. M. Viger s'était du reste lui-même rallié à cette opinion dans sa proposition de loi du 23 mars 1891.

(2) *Journal Officiel*, 1891 : Chambre, documents, p. 1.247.

(3) Pendant toute cette période, protectionnistes et libre-échangistes avaient continué leur campagne. V. le détail des protestations, meetings, etc., qu'elle occasionna, dans le *Journal des Economistes* de septembre et novembre 1890 et avril 91.

(4) V. dans la *Revue Bourguignonne* de 1891, p. 423, une étude critique de M. Mongin sur le projet de ce nouveau tarif douanier.

voté sans difficulté, sur l'exposé qui fut fait des intérêts du travail national menacé par la concurrence
étrangère.

Tout en accordant de nombreuses satisfactions à
l'agriculture, qui réclamait un traitement analogue à
celui qu'obtenait l'industrie, les nouvelles taxes porté-
rent surtout sur les produits manufacturés, tels que le
lin, le chanvre auxquels on accorda des primes, et sur
les viandes abattues et le bétail dont les droits d'entrée
furent surélevés. Mais comme les cours du blé étaient
suffisamment rémunérateurs, l'on ne toucha pas aux
droits d'entrée sur les céréales (1).

Seule, la meunerie obtint un relèvement des taxes sur
la farine (2).

§ 4

LOI DU 11 JANVIER 1892

Cette loi est une annexe au tarif général des douanes. L'article 16 était ainsi conçu :

« Jusqu'au 1er juin 1892, les dispositions générales
de la loi du 2 juillet 1891, sont maintenues, excepté

---

(1) Notons que des lois de 1889 et 1890 avaient taxé le riz, le
maïs et le seigle.
(2) V. *Journal Officiel*. Chambres, documents, 1891, session
extraordinaire, p. 2.553.

pour les droits sur les farines qui seront ainsi fixés à
dater du 1ᵉʳ février 1892 :

« Farines au taux d'extraction de 70 %/₀ et plus, (1)
6 fr. par quint. :

« Farines au taux d'extract. de 70 à 60 %/₀, 7 fr. 20 p. q. :

« Farines au taux d'extraction de 60 %/₀ et au-dessous,
8 fr. 10 :

« Gruaux et semoules en gruaux au taux d'extraction
de 60 %/₀ et au-dessous, 8 fr. 40. »

Cette diversité de tarifs avait pour but de frapper
plus durement la farine de luxe que la farine ordinaire.

Les choses restèrent dans cet état jusqu'en 1893.
À cette époque, sous l'influence de la récolte particulièrement abondante de 1892 et du stock considérable qui
restait des importations de 1891 et 1892, (pendant la
période de réduction des taxes), les cours du blé tombèrent de nouveau à 15 fr. 31 l'hectol., soit 20 fr. 42
le quint., comme moyenne de 1893.

Les plaintes de l'agriculture recommencèrent à se
faire entendre aussi vives qu'en 1884 et 1886, et de
nombreux projets de loi (2) proposèrent aux Chambres

____

(1) C'est-à-dire 70 kgs de farine par 100 kgs de blé : c'est la
farine la moins fine.

(2) Projet de M. Plichon : échelle mobile 18 mars 1893 ;
— M. Caze : concernant la surtaxe d'entrepôt,
9 décembre 1893 ;
— M. Porteu : échelle mobile, 15 décembre 1893 ;
— M. Plichon : établissement d'un droit immédiat
provisoire de 40 fr. 30, janvier 1894 ;
— M. Viger (ministre du commerce) : droit de
7 fr., etc., 30 janvier 1894.
Ce dernier proposa aussi la mesure dite du cadenas qui ne fut

un relèvement de tarifs. Sans grandes difficultés, un droit de 7 fr. fut établi par quint., soit une taxe proportionnelle de 35 % (1).

§ 5

LOI DU 27 FÉVRIER 1894

« *Article premier*. — Le tableau A du tarif général des douanes est modifié ainsi qu'il suit :

Froments et grains : 7 fr. par quint. ;

Froments concassés : 11 fr. par quint.

Farines :

Taux d'extraction de 70 % et plus..	11 fr. par quint.	
— de 60 à 70 %....	13 fr.	—
— de 60 % et au-dessous..........	16 fr.	—
Biscuit de mer et pain............	7 fr.	—
Gruaux, grosses farines, grains perlés ou mondés	16 fr.	—
Millet décortiqué et mondé	6 fr.	—
Semoules en pâte et pâtes d'Itali .	19 fr.	—

(16 fr. avec le tarif minimum).

établie que plus tard. Le projet gouvernemental fut adopté après une courte discussion. V. ce projet dans le *Journal Officiel*. Chambre, documents 1894, p. 109.

Rapport au Sénat, *Journal Officiel*. Sénat, documents 1894, p. 162.

(1) Rapport calculé sur le prix de 20 fr. le quint., moyenne des derniers mois de 1893.

Article 2. — Les grains étrangers dont les importateurs auront justifié, dans les 15 jours de la promulgation de la loi, qu'ils ont été embarqués avant le 21 novembre 1893, directement pour un port français, seront admis aux conditions de la législation en vigueur au jour de leur embarquement. »

C'est cette loi qui régit encore actuellement l'importation des céréales en France. Si l'on songe que ce droit, vraiment exorbitant de 35 %, s'applique à une denrée de première nécessité, qu'il n'agit en somme pour relever les cours, que lors des récoltes moyennes, il apparaîtra de moins en moins probable que ce taux énorme soit jamais dépassé.

Et pourtant, malgré cette aggravation nouvelle des mesures protectrices, les cours restèrent bas (18 fr. en moyenne et 13,50 l'hectol.) dans les deux années qui suivirent la loi de 1894. La cause évidente en remontait aux deux fortes récoltes de 1895 et 1896 qui, ayant donné 119 millions d'hectol. chacune, suffirent à l'alimentation du pays, provoquèrent l'affluence de blés indigènes sur nos marchés intérieurs et firent naître entre eux une concurrence jusque-là réservée aux importations étrangères (1). Et comme celles-ci étaient restées du reste à peu près nulles pendant cette même période, il paraissait évident cette fois, que le grain étranger n'avait pu déterminer l'affaissement des cours.

_____

(1) V. un intéressant article de M. Zolla, dans la *Revue politique et parlementaire* d'octobre 1897.

Il faut remarquer aussi que, pendant toute cette
période de temps, la différence des prix de notre
marché avec ceux des pays étrangers non protégés,
fut très minime : le quintal se vendit en moyenne
2 fr. 47 plus cher à Paris qu'à Londres.

Cette ère d'excellentes récoltes ne fut pas de longue
durée : en 1897, un fait identique à celui que nous
avons signalé en 1891, provoqua un relèvement, à la
fois très brusque et très élevé des cours : (la récolte
ne fournit que 88 millions d'hectolitres), le droit de
7 fr. agit alors complètement. En novembre 1897,
pendant deux jours (1), le quintal atteignit 31 fr. 09
(23, fr. 31 l'hectol.) à Paris.

Dès le mois d'octobre précédent, les protestations
des socialistes qui réclamaient l'intervention de l'État,
sous forme d'achats de blés faits à l'étranger (2), atti-
raient l'attention du Gouvernement sur cette hausse.
Mais cette fois encore, les protectionnistes agricoles,
qui voyaient sans déplaisir cette élévation des cours
leur permettre d'écouler les récoltes à des prix très
avantageux, s'opposèrent victorieusement à toute
modification des tarifs.

Peu après, au début de 1898, deux faits vinrent
encore aggraver la situation, que l'élévation simultanée des prix du pain rendait si pénible pour les consommateurs : au printemps, la guerre hispano-américaine éclata et l'on put craindre sérieusement
qu'elle ne mit obstacle au transport en Europe des

1. Les 27 et 29 novembre 1897.
2. V. *Journal des Economistes*, octobre 1897.

stocks de blés de l'Amérique du Nord. A la même
époque, une tentative monstre d'accaparement immo-
bilisait tout le grain des États-Unis, un spéculateur
américain. M. Leiter, ayant essayé d'acheter tout le
stock disponible, afin de le revendre ensuite avec un
bénéfice colossal.

Sous ces deux influences réunies, les prix montèrent
à des taux que l'on n'avait plus vus depuis de longues
années : en fin avril le blé valait à Paris, 33 fr. 50 le
quintal (ou 25 fr. 12 l'hectol.).

Cette fois, le Gouvernement s'émut de la situation
et, en l'absence des Chambres, M. Méline, président du
Conseil, après avoir pris et reçu avis favorable (1) de
la Commission permanente du Conseil de l'agriculture,
sur l'opportunité d'une suspension des droits, fit
approuver cette mesure par ses collègues, ainsi que l'y
autorisait la loi du 29 mars 1887.

Par ces décrets, du 3 et 4 mai 1898, les taxes douanières sur les céréales furent suspendues jusqu'au
1er juillet 1898. Seuls, des droits de 1 à 2 fr. par quint.
de farine (selon le taux d'extraction) et de 1 fr. par
quint. de pain furent maintenus. A l'unanimité, la
Chambre et le Sénat ratifièrent ensuite les actes du
Gouvernement (2).

L'effet de la suspension des droits fut immédiat : la
hausse s'arrêta, faisant place à une baisse sensible des
prix. Si la grande quantité de blés étrangers fut la
cause principale de ce changement, les deux faits sui-

(1) Cette commission basa son approbation sur la vente, consommée à ce moment, de tous les blés indigènes.
(2) La Chambre, le 12 juillet 1898 et le Sénat, le 6 décembre.

vants y contribuèrent dans une forte proportion : la guerre hispano-américaine se poursuivit sans amener aucune perturbation dans les transports maritimes de l'Atlantique et l'échec de la tentative d'accaparement Leiter acheva d'assurer aux blés américains un passage facile, à des prix modérés, sur le marché européen. A l'heure présente (débuts de 1900), la baisse continue à se maintenir et une hausse semble peu probable pour le moment (1).

L'exposé que nous venons de faire de la législation douanière sur les céréales depuis 1885 et de son développement, nous démontre d'une manière évidente la puissance du courant protectionniste qui entraînait le pays et la difficulté pour les libre-échangistes de la lutte à entreprendre. Toutes les étapes législatives se marquèrent par l'aggravation des taxes : les plaintes des consommateurs se firent entendre en vain et elles ne purent amener une réaction.

Les mesures protectionnistes semblent, pour le moment, irrémédiablement admises dans notre législation douanière.

Dans le chapitre suivant, nous examinerons en détail quels furent les résultats de ces tarifs sur les céréales ; et nous constaterons, entre autres choses, que s'ils restèrent inefficaces contre les bas prix du blé, dans les années de bonnes récoltes françaises, ils contribuèrent puissamment par contre, à aggraver la cherté

---

(1) V. *Journal d'agriculture* 1900, n° 1, p. 37. V. plus loin p. 137 note.

générale, lorsque de mauvaises récoltes produisaient des augmentations de prix. Ces faits seuls suffiraient déjà pour nous faire condamner leur établissement.

Toutefois, avant d'aborder ce point, il nous faut parler de deux mesures législatives, moins directement relatives aux importations et dont l'étude, faite à sa place chronologique, aurait rompu l'unité nécessaire dans notre exposé législatif. Nous voulons parler de l'admission temporaire, dont les conséquences devaient profiter à l'industrie de la meunerie, et de la loi du cadenas qui devait assurer un succès aussi complet que possible aux lois de douane.

Ces mesures complémentaires formaient la conséquence naturelle et nécessaire des tarifs nouveaux.

III

Mesures complémentaires.

§ 1er

L'ADMISSION TEMPORAIRE (1)

De tout temps, les nombreux moulins qui s'élevaient principalement dans nos grands ports, employaient comme matière première pour leur production, une

(1) Il ne faut pas confondre l'admission temporaire avec l'entrepôt. Une marchandise étrangère entreposée ne doit subir aucune modification, elle est considérée comme en territoire étranger pendant tout son séjour en France, et elle n'acquitte

grande quantité de blés étrangers qu'ils réexpédiaient
ensuite à l'extérieur, sous forme de farine. Il était donc
juste que le grain importé dans ces conditions, ne fût
soumis à aucun droit d'entrée : non seulement il ne
restait pas en France, mais il procurait du travail
à nos ouvriers, par sa transformation et il faisait
vivre d'importantes usines sur notre sol. C'est ce
résultat que l'on chercha à obtenir par la mesure
appelée « Admission temporaire », en autorisant, sous
la condition d'une réexpédition presque immédiate,
l'entrée en franchise de produits destinés à recevoir
chez nous un complément de main-d'œuvre.

Fréquemment restreint ou développé par les régi-
mes divers qui se succédèrent en France en ce siècle (1),

aucun droit lorsqu'elle est réexportée. L'entrepôt est réel quand
les marchandises sont déposées dans les magasins confiés aux
préposés de l'Administration des douanes, et fictif, quand
elles séjournent dans ceux des négociants.

(1) Nous ne pouvons retracer ici toutes les phases de cette
longue histoire. Instituée sur les plaintes des minotiers méri-
dionaux (V. Amé : *Les tarifs de douane*, t. II), par les ordonnances du 14 septembre 1828 et complétée par la loi du 5 juillet 1836, l'admission temporaire subit depuis, de nombreuses
modifications de détail. Presque supprimée par l'ordonnance du
20 juillet 1835, puis étendue à nouveau par le décret du 14 janvier 1850, qui toléra l'exportation d'une quantité variable de
farines, selon le degré de blutage (a), ce n'est qu'en 1861 (bien
que la loi libérale de juin 1861 ait fortement réduit l'importance
de l'admission temporaire) qu'on cessa d'imposer l'obligation
aux exportateurs de faire passer leurs marchandises au départ,
par un bureau de douane de la même zone qu'à l'arrivée. Il est
vrai que, par suite de la crainte des fraudes, ce régime fut
abrogé par le décret du 18 octobre 1873.

(a) 100 kgs de blé réduit en farine, donnant 100 kgs d'un
mélange de farines et d'issues, son, etc., le blutage consiste à
séparer de la farine, par des tamisages successifs, les matières

l'établissement des droits de douanes sur les grains donna une importance nouvelle à cette question ; il s'agissait de mettre par cette « admission temporaire », l'industrie de la meunerie à l'abri des pertes trop grandes que pouvait lui occasionner le système nouveau de protection agricole.

Des décrets nouveaux (1) furent pris, qui déterminèrent les produits appelés à jouir du bénéfice de cette mesure, fixèrent les conditions de l'entrée et de la sortie, établirent un délai de six mois pour la réexportation et des formalités nombreuses, destinées à rendre toute fraude impossible.

L'étude du décret du 9 août 1897, le plus récent de tous ceux qui régissent cette institution, nous en fera mieux saisir le mécanisme.

L'entrée des blés destinés à l'admission temporaire était autorisée par tous les bureaux de douane ouverts à l'importation des céréales et la sortie, facultative par un bureau de douane quelconque.

L'on en revenait ainsi au régime de 1861 et ce décret mettait fin à une situation anormale. Nous croyons

impropres à l'alimentation. Le tamis le plus fin donne 50 kgs de farine extra, dite farine de 50 kgs, et 50 kgs d'issues ; la farine de 90 kgs est la limite extrême du blutage.

(1) Voici la liste des décrets qui furent pris à ce sujet depuis 1885 : décret du 9 octobre 1866 : admission des blés durs à Marseille. Décret du 2 mai 1892 : modification des types de farines admises. Décret du 9 février 1894 : établissement d'une surtaxe d'impôt pour les blés admis temporairement. Décret du 20 octobre 1896 : spécification des conditions imposées à la réexportation. Décrets du 16 février et du 16 avril 1897 : admission des blés tendres destinés à la fabrication de l'amidon et des biscuits sucrés.

bon de faire comprendre ici en quelques mots quelle était l'utilité de la réforme. Si le nord de la France produisait en effet plus de blé que n'en exigeait sa consommation annuelle, le midi n'en cultivait pas assez pour suffire à ses propres besoins. Il était donc plus logique, au lieu de procéder à un coûteux transport de grains à l'intérieur de la France, de faciliter l'exportation des blés du nord sous forme de farine et de favoriser l'importation du froment étranger dans le midi, à condition que les deux quantités se compenssassent exactement. La nouvelle réglementation permet à un négociant du midi d'importer, *sans avoir à payer de droits*, des grains étrangers qu'il trouvait plus avantageux d'écouler sur place, sous forme de farine, à la condition de céder à un autre minotier, de la frontière du nord par exemple, son « acquit-à-caution »(1). Ce dernier importait alors une quantité équivalente. — L'économie de transport à travers la France constituait donc un bénéfice net. —

En somme, l'admission temporaire était une mesure d'une très grande utilité. Elle favorisa notre commerce et notre industrie, leur permit de soutenir la lutte avec les produits rivaux de l'étranger et donna d'excellents résultats, qu'il est désirable de ne pas voir entraver par des mesures restrictives.

---

(1) L'acquit-à-caution est le certificat délivré par la douane au moment de l'importation des matières dont l'entrée doit être compensée par une sortie équivalente.

§ 2

LA LOI DU CADENAS

Lors des relèvements successifs des tarifs douaniers sur les céréales, on avait remarqué que, dès que le premier projet de loi était déposé sur le bureau de la Chambre, les importations de céréales augmentaient brusquement, dans de très grandes proportions. L'intervalle qui s'écoulait entre le dépôt de la proposition et le vote de la nouvelle taxe, était habilement mis à profit par le commerce des grains, qui introduisait les plus grandes quantités possibles, au bénéfice de l'ancien tarif. L'effet des nouvelles lois douanières se trouvait ainsi retardé et faussé dès le début de leur application. En 1885, par exemple, le rapport de M. Graux ayant été déposé le 15 décembre 1884 et la loi promulguée le 29 mars 1885, dans cette intervalle de deux mois (janvier et février), les importations de blé dépassèrent de 376.500 quintaux, la moyenne des mois correspondants de 1884 et de 1886.

En 1887, le premier projet est déposé en janvier et la loi promulguée le 29 mars; pendant ces trois mois, l'importation est de 1.228.000 quintaux plus élevée que dans les mêmes mois de 1886. La même remarque peut se faire en 1894.

Les protectionnistes réclamèrent l'établissement de mesures spéciales, destinées à rendre ces surimportations impossibles.

B   9

Dans cette voie, l'Italie nous avait déjà donné l'exemple par la loi du « catenaccio », d'où le nom français de loi du « cadenas ». Il s'agissait bien en effet, de cadenasser, en quelque sorte, le territoire national, par l'autorisation donnée au Gouvernement d'appliquer provisoirement par décret, les tarifs inscrits dans un projet de loi quelconque, le jour même du dépôt de celui-ci sur les bureaux de la Chambre.

Malgré les protestations très naturelles du commerce des céréales, le Gouvernement appuya ce nouveau projet de loi qui fut voté et promulgué le 9 décembre 1897.

D'après cette loi :

« Le Gouvernement peut, par décret, appliquer les dispositions d'un projet de loi portant relèvement de droits de douane sur les céréales et dérivés, les vins, bestiaux, viandes fraîches, le lendemain matin du dépôt du projet de loi.

« Le supplément de droits ne sera pas appliqué lorsqu'il sera justifié que les matières auront été mises en route avant la date du dépôt du projet de loi. Le supplément de taxe ne sera acquis au Trésor qu'après le vote de la loi par les Chambres. »

Cette loi qui rendait ainsi aux mesures douanières leur effet plein et immédiat, provoqua de vives réclamations de la part des minotiers et des commerçants en grains. Ils montrèrent avec raison, qu'ils achetaient de grandes quantités de blés, à des prix fixés d'avance (marchés à long terme) et qu'ils devaient ensuite les revendre à des prix également fermes. Le cadenas, en modifiant brusquement la loi douanière et le régime des taxes existantes, allait bouleverser toutes les transactions en cours et causer peut-être des pertes graves et irrémédiables dans les opérations de longue durée, où des différences de quelques centimes par quintal sont parfois très sensibles. Mais sur ce point, comme sur beaucoup d'autres, les protectionnistes surent faire triompher leurs intérêts (1).

---

(1) Il existe quelque chose d'analogue au Cadenas, en Angleterre. V. le discours de M. Renault-Morlière, rapporteur de la loi du cadenas, séance de la Chambre du 11 juin 1897. *Journal officiel*, Chambre, documents, p. 1.460, 1897.

CHAPITRE IV

Résultats de la législation protectionniste

Le chapitre qui va suivre, dans lequel nous examinerons les résultats qu'obtint la législation protectionniste et surtout les effets qu'elle produisit sur les prix du blé et du pain, forme en quelque sorte la base naturelle de notre conclusion.

Nous y constaterons, en effet, que non seulement la protection s'est montrée incapable d'arrêter la baisse des prix, quand les récoltes étaient abondantes et les importations, par suite, peu considérables; mais que le droit s'est fait pleinement sentir au contraire, et d'une manière tout à fait spéciale, dans les années où la production était faible et les importations par conséquent, rendues de première nécessité.

Néanmoins, il faut reconnaître que ce résultat n'a pas été particulier à la France et qu'il s'est fait sentir d'une manière identique, dans tous les pays prolégés (1) : l'étude des législations étrangères nous le démontrera clairement.

Enfin la question, si importante pour la classe ouvrière, de l'influence des droits protecteurs sur le prix du pain, donnera matière à la dernière partie de ce chapitre.

Nous avons cru utile aussi, de placer tout d'abord ici un tableau détaillé, indiquant de 1886 à 1899 le taux des prix, la somme des importations et des récoltes, chiffres auxquels nous nous rapporterons dans le cours de ce chapitre.

Années (2)	Récoltes en France en hectolitres	Importations en quint.	Prix moyen en France par hectolitre	Prix moyen en France par quintal	Droit de douane	Prix à Paris par quint. fin septembre	Prix à Londres par quint. fin septembre
1886	105,413,000	7,027,500	16 45	21 53	3	22 40	17 70
1887	110,000,000	8,366,700	18 25	24 33	5	22 50	17 30
1888	89,275,000	11,357,000	18 45	24 60	5	26 75	19 30
1889	108,349,000	11,417,000	19 05	25 40	5	22 25	17 30
1890	116,915,000	10,600,000	18 87	25 16	5	28 25	18 25
1891	77,000,000	20,000,000	20 50	27 33	5 réduit prov. à 3 fr.	26 40	23 00
1892	109,000,000	19,000,000	17 80	23 73	5 réduit prov. à 3 fr.	22 40	15 60
1893	97,000,000	10,000,000	15 70	20 93	5	20 42	15 80
1894	122,000,000	12,400,000	14 40	19 20	7	18 19	13 27
1895	119,000,000	4,500,000	13 50	18 00	7	17 48	14 82
1896	119,000,000	1,500,000	13 50	18 00	7	17 78	15 50
1897	88,000,000	5,200,000	20 50	27 33	7	27 32	22 23
1898	131,000,000 (3)	19,545,000	17 50	25 73	7 suspension	21 50	..

(1) V. le chapitre VI.

(2) Chiffres tirés de la *Revue politique et parlementaire* d'octobre 1897 et complétés par les indications du *Journal des Économistes* et de l'*Économiste Français.*

(3) Évaluation du Ministère de l'agriculture; le *Journal des*

§ 1

IMPUISSANCE DES TARIFS DOUANIERS A EMPÊCHER LA BAISSE DES PRIX LORS DES BONNES RÉCOLTES

En 1885, l'on s'attendait, en mettant le droit de 3 fr. par quintal en vigueur, à voir les prix remonter d'autant et passer de 17 fr. 89, prix moyen de l'hectol. en 1884, à 20 fr. et plus. Or ce fut le résultat contraire qui se produisit. L'hectol. tomba à 16 fr. 80 (moyenne de 1885). Cette baisse était due d'abord à la bonne récolte de 1885 : 119 millions d'hectol., ensuite à la présence sur le marché de Londres, de grosses quantités de blé disponibles qui pesaient sur les cours (1). Cette même année, nos importations (6.500.000 quintaux) de blé furent de 4 millions inférieures à la moyenne des deux années précédentes. Mais ce mouvement ne continua pas dans celles qui suivirent : la bonne récolte de 1886 (105 millions d'hectol.) ayant fait tomber le prix de l'hectol. à 16 fr. 15, les importations remontèrent à 7.094.900 quintaux.

Cependant le droit de 3 fr. eut un résultat indiscutable ; il empêcha nos prix de baisser autant que ceux du marché européen : c'est du moins ce qui ressort de la comparaison du cours de Londres,

Halles et Marchés portait cette estimation à 123 millions d'hectol. L'Association française de la meunerie à 140 millions d'hectol.

(1) Chiffre cité par M. Develle, ministre de l'agriculture, à la Commission des droits de douane ; en 1885 l'Angleterre avait importé 39 millions de quintaux contre 43 en 1884.

17 fr. 45 par quintal en 1886, avec celui de Paris,
21 fr. 50, soit une différence de 4 fr. 05 en moins en
faveur du pays non protégé. Si l'on rappelle que de
1880 à 1884, avant l'établissement des droits, la différence entre ces deux marchés n'était guère en moyenne
que de 2 fr. 40 au lieu de 4 fr. 05 (depuis 1885), l'on
voit donc que le résultat utile du droit de 3 fr. fut
une élévation de 1 fr. 65.

En 1893, les prix qui se maintenaient fermes depuis
1890 (1) et s'étaient même élevés beaucoup en 1891,
descendirent à 15 fr. 70 l'hectol., malgré le droit de
5 fr. Comme nous l'avons déjà remarqué plusieurs
fois, une récolte très belle (1892 : 109 millions d'hectol.)
et l'invasion de nos marchés par des importations
considérables (en 1891-92) (2) que provoqua une suspension des droit, (du 10 juillet 1891 au 1er juin 1892),
en étaient les causes principales.

De 1894 à 1896, en dépit toutefois du droit nouveau
de 7 fr., le même phénomène se produisit.

1894. — Cours : 14 fr. 40 l'hectolitre. Récolte : 122 millions d'hectol.

1895-96. — Cours : 13 fr. 50 l'hectolitre. Récolte : 119 millions d'hectol.

Les récoltes de ces trois années se montrèrent
exceptionnelles. Comme, dans le même temps, les
importations étaient restées très faibles

1.500.000 quintaux en 1895

1.500.000 — en 1896

---

(1) Sans être mauvaises, nos récoltes avaient nécessité une
importation moyenne annuelle de 10 millions de quintaux.
(2) 19 millions de quintaux au 2 octobre 1892.

l'origine de la baisse se rapportait uniquement à
notre forte production, devenue subitement assez
abondante pour suffire presque complétement à nos
besoins.

Le droit de 7 fr. qui, pendant quelques mois au
début de son établissement, avait eu pour conséquence
sur nos cours, un relèvement de 5 fr. par rapport à
ceux de l'étranger (1), ne maintint plus entre eux
qu'une minime différence, pendant ces deux mêmes
années. A la fin de septembre de 1895, le quintal valait
17 fr. 48 à Paris et 14 fr. 82 à Londres ; à la même
époque, en 1896, 17 fr. 78 et 15 fr. 50, soit une différence moyenne de 2 fr. 47. Comme en 1886, l'effet du
droit avait donc été presque nul pendant ces deux
années.

De tout ceci, l'on peut conclure sans exagération,
que la persistance de la baisse des cours est bien désormais un fait permanent et définitif qu'il faudra
accepter bon gré mal gré, sans espoir de l'arrêter par
une lutte devenue de plus en plus difficile, sinon
impossible.

Du reste, deux raisons capitales suffiraient à elles
seules à nous expliquer cet échec inévitable des lois
de protection agricole : la croissance simultanée et
ininterrompue de la production universelle du blé et

---

(1) Prix par quintal au 26 mai 1894 :

Paris..................	19 75	Londres..............	15 f
Nancy	20 »	Chicago..............	11 40
Vienne..............	14 95	Rouen	19 95
New-York............	11 25	Berlin................	16 »
Lyon................	20 25	Bruxelles	13 40
Dijon	21 25		

la facilité toujours grandissante, des moyens de communication pour les pays d'exportation les plus lointains.

§ 2

PLEIN EFFET DES DROITS LORS DES RÉCOLTES MOYENNES OU FAIBLES

Si les résultats du tarif douanier protecteur restaient presque imperceptibles lorsque notre production subvenait à peu près à nos besoins, par contre nous verrons que non seulement ces derniers eurent un plein effet quand les récoltes se trouvèrent mauvaises, mais que leur influence alla même parfois, jusqu'à faire hausser nos cours d'une quantité supérieure au montant de la taxe.

D'autre part, comme la nécessité d'une comparaison exacte, aux mêmes dates, de marchés protégés et non protégés, implique naturellement le choix de places dont la situation soit aussi semblable que possible, nous prendrons pour exemple la Belgique, dont l'analogie du climat et le développement parallèle de la culture du blé répondent le mieux à ces conditions (1). Le marché de Londres, le plus important centre de transactions sur les blés dans le monde, devra entrer cependant en ligne de compte ainsi que

---

(1) Il faut toutefois remarquer que la facilité d'y trouver du fret de retour, à Anvers, par exemple, rend les prix des transports maritimes beaucoup plus avantageux que chez nous.

certains cours allemands, particulièrement intéressants pour nous, vu les effets produits sur eux par une législation douanière protectrice; mais le seigle étant l'objet principal des demandes dans ce pays et le pain de froment, une nourriture en quelque sorte de luxe, le blé de choix et ses différentes variétés sont, comme de juste, l'objet plus particulier de la culture et de l'importation.

Le tableau suivant nous montrera tout d'abord les premiers résultats fort appréciables, (1) produits par le droit de 5 fr. établi en 1887.

	Paris	Londres	Bruxelles
Moyennes en janvier 1897	21.78	20.25	19.65
» février »	21.86	20.31	19.35
Droit de 5 fr. mars »	22.25	19.61	19.42
Moyennes en avril »	22.96	18.55	19.45
» mai »	25.42	18.58	20.10
» juin »	25.71	18.99	20.37
» juillet »	24.70	19.30	20.31

En janvier et en février, le quint. de grains valait donc à Paris 1 fr. 49 de plus qu'à Londres et 2 fr. 27 de plus qu'à Bruxelles; 6 fr. 73 de plus qu'à Londres et 5 fr. 07 de plus qu'à Bruxelles, en mai et en juin; dès le début, le droit avait complètement porté.

Les récoltes ayant été assez bonnes de 1888 à 1890, le quint. se maintint en France entre 24 fr. 60 et 25 fr. 40, alors qu'à la fin de mars 1889, par exemple, il valait 17 fr. à Londres et 17 fr. 75 à Anvers. Pendant

---

(1) Voyez *Économiste français* du 6 août 1887.

ces trois années, les importations varièrent entre
10 millions 1/2 et 11 millions 1/2 de quintaux.

En 1890, la récolte française fut encore abondante, (1)
mais l'hiver suivant, un froid terrible ravagea la culture du blé, non seulement en France, mais encore
dans presque toute l'Europe : en Russie, Allemagne,
Hollande, Belgique, Autriche-Hongrie. Seules l'Italie,
l'Espagne et la Roumanie échappèrent à cette calamité.
De plus, comme les cultures du seigle qui formaient la
consommation principale de l'Europe centrale, étaient
aussi très endommagées, les demandes de blés allaient
s'en trouver accrues d'autant. Il était donc facile de
prévoir un important déficit dans les récoltes de 1891,
en même temps que les réserves fournies par les
récoltes abondantes des années précédentes, allaient se
trouver épuisées.

Dès le mois de janvier, la hausse commença à se
faire sentir, ainsi que nous le montrera clairement la
comparaison à cette date, des prix en cours sur les
principaux marchés du monde.

_____

(1) Un décret du 21 août 1890, rendu en exécution de la loi du
19 juillet 1890, permit l'entrée en franchise de 950,000 quint. de
blé d'origine tunisienne; la Tunisie qui, en 1889, n'importait en
France que 1,600 quint., en fournit, depuis 1890 jusqu'au
1er mars 1891, 455,000.

Tableau A

PAYS POSSÉDANT UNE LÉGISLATION PROTECTRICE

	Montant du droit	Du 9-22 janvier 1891	Du 22 janvier au 12 février 1891
France....	5 fr.	25.04	25.18 par quint.
Paris......	5 »	26 »	25.75 »
Hambourg	6.25	23.87	24.12 »
Berlin	6.25	24.25	24.87 »
Buda-Pest.	3.75	23.15	23.37 »
Vienne....	3.75	23.70	23.94 »
Gênes.....	7.50	26 »	26 » »

Tableau B

PAYS LIBRES DE DROITS D'ENTRÉE SUR LES GRAINS

	Du 9 au 22 janvier 1891	Du 22 janvier au 12 février 1891
Londres....	20.15	20.85
Liverpool........	19.70	20.20
Anvers........................ ...	20.37	20.50
Bruxelles.............	20 »	19.87
Amsterdam.......................	19.50	19.34
Odessa	18.70	18.62
New-York (1)...................	20.31	21.44
Chicago (1).....................	17.89	18.20

(1) Marchés cependant protégés: mais les Etats-Unis ne faisant qu'exporter, les droits restaient sans influence.

Tableau C

Le 26 mars 1891 . . .	Paris. . . . 27.25	Lille 25.75	Berlin . 26.75
Le 31 — — . . .	— 28.30	Gand . . . 22.50	
Le 2 avril — . . .	— 27.50	Lille . . . 26.50	
Le 9 — — . . .	— 28.25	— . . . . 27 »	
Du 26 mars au 9 avril.	Anvers . . 49 »	Amsterdam. 19 »	
— — —	Bruxelles. 20.50	Londres. . 17.25	(1)

De ces tableaux, l'on peut tirer les conclusions suivantes :

1° Le droit protecteur de 5 fr. a produit un plein effet puisqu'en janvier, par exemple, nous voyons le quint. 5 fr. plus cher en France, qu'à Londres et qu'à Bruxelles. L'écart monte du reste en même temps que les prix : au 9 avril nous dépassons de 8 fr. les cours d'Anvers, de 7 fr. ceux de Londres et pour Paris a différence est encore supérieure de 1 fr.

2° La hausse n'est exagérée (V. les tableaux A et B.) que dans les pays fermés aux céréales étrangères par des taxes douanières. Mais cette conséquence apparaît d'une manière encore plus éclatante dans les portions d'une même contrée, séparées par des barrières douanières, comme la Flandre française et la Flandre belge.

Le 4 février 1891, (2) le quint. de blé vaut à Huy (Belgique) 19 fr. 50.

Le 4 février 1891 le quint. de blé vaut à Verwick (France) 27 fr. 50.

---

(1) V. *Économiste français* du 9 mai 1891.
(2) *Indépendance belge*, du 5 février 1891.

En mars 1891, le quint. de blé vaut en Belgique
22 fr. 50 (1).

A partir du milieu d'avril, c'est-à-dire dès qu'il fut
question de la suspension des droits, les prix varièrent
peu. La diminution des taxes accordée pour onze
mois le 2 juillet 1891, empêcha seule le froment
d'atteindre chez nous des prix de famine; des quantités
importantes de grains étrangers pénétrèrent en France
et y maintinrent les cours à 26 fr. le quint. (2) malgré
la faiblesse de la récolte : 77 millions d'hectol. Aussi,
sous ce régime momentané de libre échange, les importations furent-elles considérables, en rapport du reste
avec nos besoins :

20 millions de quint. en 1891.
19   »   »   1892.

Autre conséquence : dès la fin de septembre 1891,
l'écart n'était plus que de 3 fr. 10 par 100 kgs entre le
marché de Paris et celui de Londres.

Mais le mouvement une fois donné, la baisse des
cours ne s'arrêta plus, même comme nous l'avons vu
plus haut, malgré l'établissement en 1894 d'un droit de

_____

(1) Des circonstances particulières vinrent cependant diminuer
la différence naturelle qui devait se produire : l'entrée des
récoltes en gerbes qui se faisait en franchise, d'après
l'article 15 du traité franco-belge du 1er mai 1861, et l'article 11
de celui du 31 octobre 1881, et la concurrence faite dans ces
contrées aux grains français par la vente du pain belge soumis
seulement à un droit de 1 fr. 20 par quint.

(2) Une récolte aussi basse ne s'était pas vue en France
depuis 1885 : 79.900.000 hect.; abstraction faite toutefois de
celle de 1871 : 60.000.000 hectol. due aux conséquences de la
guerre.

7 fr. ; en 1895 et 1897 l'écart avec les cours anglais n'était plus que de 2 fr. 50.

En 1897, des circonstances analogues à celle de 1891 se reproduisirent : la récolte fut mauvaise : 88 millions d'hectol. ; la production de l'Europe : 433.178.000 hl., impuissante à suffire à la consommation générale estimée à 597.400.000 hectol. (1). Le déficit pour la France était d'environ 35 ou 40 millions d'hectolitres.

La conséquence immédiate fut une forte élévation des prix.

Moyenne : en octobre 1897	France.	27.52	Paris, 28.50 le quintal.
— fin décembre —	—	—	Paris, 29.40 —
— fin avril 1898...	—	—	Paris, 33.50 (25.12 l'hect)
— — — ...	Vienne.	34.75	Turin. 34.60.
— — — ...	Anvers.	27.50	Londres, 30 ».

Ainsi, quand les droits eurent été suspendus jusqu'au 1er juillet 1898, par les décrets des 3 et 4 mai 1898, les effets de cette mesure ne se firent pas attendre et les blés étrangers entrèrent en quantité si considérable que non seulement les cours baissèrent, mais se maintinrent encore à un taux inférieur quelque temps après le rétablissement des droits.

A la fin de décembre 1898, le quint. était à Paris à 21 fr. 03 et à 20 fr. 50 en moyenne en France. Les importations furent fortes : 19.545.000 quint. ; déjà l'année précédente, elles avaient augmenté sur celles de 1896 (5.200.000 quint. contre 4.500.000).

En cette dernière année enfin 1899, le prix du quint. semble être de nouveau en voie de baisse : mars, 20 fr. 69

(1) D'après la *Dornbüsch's Evening List*, du 6 janvier 1899.

moyenne du quint.; juin, 19 fr. 90. Dernière semaine de décembre, 18 fr. 02 (1).

§ 3

RÉPERCUSSION DES DROITS SUR LES PRIX DU PAIN

Sur ce point, les résultats des droits protecteurs sont plus difficiles à constater que sur les grains; le prix du pain est en effet soumis à des variations nombreuses selon les localités et des circonstances multiples : luxe des magasins de boulangerie; nombre des boulangers par rapport au chiffre de la population; importance de la fabrication, etc., etc.

Voyons donc rapidement la situation à Paris (2) : en 1884, sur 1.800 boulangers, 1.300 cuisent moins de 2 sacs de farine (3); 300, de 2 à 3 sacs; 150, plus de 3.

---

(1) V. le *Journal de l'Agriculture* 1900, n° 1, p.37, 4 janvier : Cours des principales céréales dans les principaux pays d'Europe et d'Amérique pendant la dernière semaine de décembre1899;

	Blé	Seigle	Orge	Avoine
France..............................	18,02	13,74	15,93	16,48
Allemagne	18,81	17,50		15,60
Angleterre...........................	15,20	..		.
Autriche............................	17,13	14,30		.
Belgique (Anvers)....................	15,75	14 »	15 »	16,25
Hollande.............................	15 »		.	14,25
Espagne.............................	31,50		14,75	22 »
Suisse	17,75	15,50	..	16,25
Amérique. { New-York................	14,20	11,69	.	9,52
{ Chicago	12,60			7,56

(2) V. *Économiste français* du 1er novembre 1884.

(3) Sac de farine de 147 kgs.

Pour les premiers, les frais de fabrication s'élèvent à 144 fr. 37 et le kg. de pain leur revient à 0 fr. 35. Pour les seconds et les troisièmes, les frais sont proportionnellement moins élevés; à ces derniers le kg de pain revient à 0 fr. 29 et 0 fr. 31 (1). Le prix du pain diminuerait donc avec le nombre des boulangeries, et la consommation parisienne tendant de plus en plus à s'abaisser par tête d'habitant, l'augmentation de la population ne se trouve nullement en rapport avec l'accroissement des boulangeries.

Bien que le prix du pain, comme nous le verrons plus loin, n'ait jamais baissé dans les mêmes proportions que celui du blé (2), néanmoins une hausse brusque du blé correspond presque toujours, d'une manière régulière, à un mouvement immédiat et analogue des prix du pain (3).

Le tableau suivant démontrera le défaut absolu de proportion entre les prix du pain et ceux du blé dans la France entière. Rappelons auparavant que, pour les motifs que nous avons indiqués (4), les prix de la

---

(1) En 1862, on comptait 1.072 boulangers à Paris soit 1 par 1.800 habitants; en 1884 : 1.800 soit 1 pour 1.300. En 1862, 120 boulangers cuisaient plus de 5 sacs; et 668 de 3 à 5.

(2) V. à ce propos une très intéressante lettre publiée dans le *Journal des Débats*, du 17 décembre 1899. On y voit très justement que les prix du pain tendent même à s'immobiliser de plus en plus.

(3) V. page 140 et suiv.

(4) Remarquons ici que l'évaluation bi-mensuelle de la préfecture de la Seine, bien qu'officielle, ne fixe nullement les cours. Cette estimation n'a qu'une valeur de taxe officieuse. En 1886, par exemple, elle cote le kg de pain à 0 fr. 25 au-dessous du

capitale sont toujours unpeu supérieurs à ceux de l'ensemble du pays.

Années	Prix de l'hectolitre de blé	Prix du kg de pain 1re qualité (1)
1884	17 80	0 34
1885	16 80	0 32
1886	16 15	0 32
1887	18 25	0 34
1888	18 45	0 34
1889	19 05	0 35
1890	18 87	0 35
1891	20 50	0 37
1892	17 80	0 35
1893	15 70	0 33
1894	14 40	
1895	13 50	0 30
1896	13 50	0 30

Ainsi en 1892, malgré la baisse du blé, le pain restait aussi cher qu'en 1889.

Mais en 1887, l'effet du droit de douane de 5 fr. fut immédiat et la hausse du pain rapide et générale (2) :

18 mars. Nantes.	augment. par kg		0f 033
19 » Laval.........	—		0 066
30 » Lyon..........	—		0 02
2 avril. Châlon-s.-Saône .	—		0 025
3 » Marseille	—		0 025
4 » Brignoles.......	—		0 025

prix réel de vente. V. *Economiste français* du 18 juin 1887, et pour le détail de procédés d'évaluation de cette taxe, le *Journal Officiel*, Chambre, documents 1886, 2, p. 37.

(1) Chiffres tirés pour le pain de l'*Annuaire statistique de France*, 15e volume.

(2) *Journal des Economistes* du 15 juillet 1885.

5 avril	Toulon	augment. par kg	0 02
6 »	Nice	—	0 05
8 »	Montpellier	—	0 02
10 »	Narbonne	—	0 03
10 »	Rodez	—	0 06
20 »	Laval	—	0 033

Les résultats des hauts prix du blé par rapport à ceux du pain ne sont pas moins intéressants.

Prix du kg à Paris en 1890			0 37
—	—	1-15 mars	0 385
—	— 1891	1-15 mai	0 42
—	—	15-30 mai	0 41

Et encore ces taux étaient-ils légèrement au-dessous de la réalité (1).

En 1891, la moyenne générale du prix de 1 kg de pain fut à Paris de 0 fr. 396. Une hausse analogue se produisit encore en 1897.

Ainsi, le droit de douane, loin d'influer seulement d'une manière directe sur l'élévation des prix du blé, lors des mauvaises récoltes, agissait encore d'une manière très précise, sur le mouvement ascendant du prix du pain.

On essaya de réagir et de nombreuses municipalités usèrent du pouvoir que leur donnait la loi de 1791, pour taxer le prix du pain; mais dans bien des cas, — il faut cependant le reconnaître, bien que ce droit offrît de très grands inconvénients, — la menace seule de son application suffit à agir sur les boulangers et à

(1) Ils sont fournis en effet par la taxe officieuse. V. plus haut, p. 138, note 4.

déterminer la baisse des prix maintenus parfois par
eux aux anciens taux, malgré une baisse sensible
du blé.

Nous en voyons plusieurs exemples :

à Paris, à la fin de 1884 (1). | à Lyon (2), même époque.
à Dijon en 1896 (3). | à Marseille, janvier 1893.

En général, les boulangeries coopératives donnèrent
d'excellents résultats. Travaillant par grandes quantités, ces Sociétés livraient un pain de bonne qualité à des prix très inférieurs à ceux de la boulangerie
ordinaire, ce qui permettait une très forte diminution
des frais généraux. Parfois aussi, des moulins étaient
joints à ces entreprises, ce qui permettait une nouvelle
diminution du prix de revient (4).

À Roubaix, la boulangerie coopérative « l'Union »
vend le kg. 0 fr. 25 pendant le mois de
septembre 1897.

À Arras, certaines Sociétés le fournissent à 0 fr. 35 au
lieu de 0 fr. 38, prix ordinaire.

À Blois, 0 fr. 24 au lieu de 0 fr. 28.

À Paris, mêmes résultats pour la boulangerie annexée
à la Société de secours mutuels, « la
Moissonneuse » (5).

Le cadre de ce travail n'embrassant point direc-

---

(1) Séance du Conseil municipal du 17 novembre 1884.
(2) Conseil municipal, séance du 3 octobre 1884.
(3) La taxe y fut même appliquée par arrêté municipal du
15 novembre 1896. V. *Bulletin municipal* 1896, p. 220.
(4) *Revue politique et parlementaire* d'octobre 1897.
(5) V. *Journal des Débats* du 27 mars 1899, un article sur les
boulangeries coopératives de Roubaix. En Angleterre, les
Sociétés de ce genre sont très nombreuses et donnent d'excellents résultats.

tement ces questions, nous ne dirons que quelques mots des droits de douane frappant le pain.

Dans le nord de la France, la population voisine de la frontière belge et même quelques Sociétés coopératives de Lille achetaient leur pain en Belgique, 0 fr. 08 moins cher environ que dans les boulangeries françaises (1).C'était de ce chef une économie annuelle, par tête d'habitant de 18 fr. 25, dont 150.000 personnes profitaient en 1891.

Sur les plaintes des protectionnistes, la loi du 27 février 1894, établit un droit semblable à celui du blé, de 7 fr. par quint. de pain. Les importations, qui étaient de 30 millions de kgs en 1891, s'arrêtèrent d'un seul coup.

(1) V. *Revue des Deux Mondes* du 15 avril 1891.

CHAPITRE V

Législation douanière des Céréales
autres que le blé

Ce travail ne serait pas complet si nous ne passions rapidement en revue, avant d'aborder les législations étrangères, les tarifs douaniers qui ont frappé chez nous, l'importation de céréales autres que le blé.

Ainsi ce fut non pas dans l'intention de protéger l'agriculture, mais bien pour favoriser une certaine industrie au profit d'une autre, que des droits furent établis sur le maïs et le riz. Le maïs, en effet, sauf dans quelques départements du Midi où il pouvait mûrir avec profit, ne donnait pas lieu en France à une culture intensive : on le consommait sur place. Quant au riz, on sait qu'il ne croît pas sur notre sol.

Des droits protecteurs furent établis pour favoriser, au détriment de l'industrie rivale de la distillerie des grains, les distillateurs de betteraves du nord de la France et par suite il est vrai, les producteurs de cette racine fourragère, cultivée dans un grand nombre de départements. Aussi ne fût-ce qu'assez tard, après diverses tentatives infructueuses et malgré un très vif débat, alors que les Chambres étaient désormais incapables de s'arrêter dans la voie de protection à outrance où elles s'étaient engagées, que ces taxes prohibitives furent votées (1890).

Le résultat espéré ne se fit pas attendre : en quelques mois, l'industrie de la distillerie des grains fut anéantie.

La taxe sur les seigles, adoptée en 1885, ne semble guère plus justifiée, puisque loin d'avoir recours aux importations, notre pays en exporte au contraire de grandes quantités.

Une remarque analogue s'applique également à l'orge, taxée en 1885, dans les mêmes conditions.

Seul, le droit sur l'avoine offrait quelque raison d'être, car notre production, bien qu'importante, ne suffisait pas à notre consommation et les prix s'affaiblissant fortement, il était logique qu'on s'efforçât, par le vote d'un droit nouveau, d'enrayer cette baisse.

C'est encore ce même enthousiasme protectionniste qui empêcha la Chambre d'exempter de la taxe les blés durs destinés à la fabrication de la semoule et des pâtes alimentaires, blés impropres à l'alimentation et qui ne poussaient pas sur notre sol (1). En 1885, la

(1) Ce blé, à part sa dureté, contient trois fois plus de gluten que le froment ordinaire ou blé tendre et est bien moins riche en amidon.

Commission avait repoussé la taxe sur ces blés spé-
ciaux, à la demande de M. Peytral, député de Marseille, qui invoquait les intérêts de l'industrie et l'usage
qu'elle faisait de ces grains, dont deux millions de
quintaux entraient annuellement en France (1). Mais
à la Chambre, la crainte des fraudes l'emporta et, au
lieu de respecter cette exception qui ne lésait aucun
intérêt, l'on se rallia à un taux de 3 fr. qui devait
lourdement peser sur les fabriques de semoule et de
pâtes alimentaires (2). Heureusement l'admission temporaire vint atténuer l'effet de cette taxe élevée.

§ 1er

MAÏS

La première proposition demandant un droit sur le
maïs, remonte au 16 avril 1884 (3). Ce futur droit
de 2 fr. par quint. importé, devait, dans l'esprit de
ses auteurs, supprimer la concurrence faite par le
maïs à la pomme de terre, dans la fabrication des
fécules et des amidons et, tout en contribuant par là
même au développement de cette dernière, la délivrer
de la concurrence des maïs étrangers.

De nouveau posée en 1885, au nom de l'agriculture,

---

(1) Sur cette qantité 287.489 quint. sont arrivés d'Algérie
en 1882.
(2) Ces fabriques avaient une assez grande importance, elles
produisaient environ 200.000 kgr. par jour à cette époque.
(3) *Journal Officiel*. Doc. parlement. Chambre 1884. annexe
n° 3.098.

la question fut encore négativement résolue, grâce à
l'intervention habile du ministre du commerce,
M. Rouvier, qui exposa les calculs de la Commission,
en se plaçant au point de vue des intérêts de l'amidon-
nerie. Puisque pour 100 kgs d'amidon, il fallait, disait-il,
242 kgs de maïs, un droit de 4 fr. par quint. imposerait
donc une dépense supplémentaire de 7 fr. 20 par 100 kgs
d'amidon, alors que ce dernier produit fabriqué
entrerait pour 4 fr. par quint. C'était infailliblement
ruiner cette industrie en France et accorder en même
temps une véritable prime à l'importation d'un produit fabriqué à l'étranger.

Quelle était donc la situation de la culture du maïs
en 1889, au moment où une discussion sérieuse et dé-
cisive allait s'engager sur ce sujet ? (1)

Le sud seul de la France était en état d'obtenir de
cette plante un rendement utile, et il n'y avait guère
que la Haute-Garonne, les Landes, le Gers, les Hautes-
Pyrénées qui fussent en mesure d'en exporter quelque peu.

Le maïs était aussi un élément très important de la
nourriture du bétail et de l'engraissement des mou-
tons ; dans la Bresse, on l'utilisait pour l'élevage des
volailles ; à Paris, il entrait pour une notable proportion dans la nourriture des chevaux des Compagnies

1. Proposition d'un droit de 3 fr. par M. Robert, le 17 février
1883, de 4 fr. 00 par M. Jannetel, le 2 mars, 1885. Le 15 mars,
1888, la Chambre avait adopté, dans une même séance, le droit
de 3 fr., puis dégrevé le maïs destiné à la distillerie et à l'ami-
donnerie, c'est-à-dire celui qui représentait l'importation. Aussi
devant ce bel exemple d'incohérence, la Chambre revint, le lendemain, sur son vote et le droit fut encore une fois rejeté.

de transports urbains. Et surtout l'industrie de la distillerie s'en servait pour la fabrication de l'alcool. A Marseille, à Rouen, à Bordeaux (1), etc., près de 60 grandes usines, représentant un capital approximatif de 40 millions de francs, retiraient du traitement des grains par les acides, un alcool supérieur à celui que l'on fabriquait dans le Nord avec le suc de betteraves(2).

De 1887 à 1889, les importations de maïs avaient peu varié (3).

1887	3.422.797 quint. (4)
1888	3.070.803 »
1889	3.800.614 »

Sur cete importation :

L'agriculture absorbait environ par an 1.500.000 quint.
La distillerie . . . . 1.100.000 »
Les industries de transports . . . . 300.000 »

Quant à la production de la France, elle n'avait atteint de 1876 à 1889, qu'une moyenne de 7 millions de quint. consommés sur place.

En 1888, les rendements s'élevaient à 17 hectol. 27 à l'hectare; pendant les 20 années précédentes, le prix moyen était de 19 fr. 92 le quint. pour le maïs indigène.

L'agriculture française ne pouvait donc avoir que

(1) Quelques-unes, en petit nombre, étaient disséminées à l'intérieur du pays.

(2) V. *Economiste français* du 26 février 1887.

(3) V. *Economiste français* du 22 mars 1890.

(4) Ils provenaient des Etats-Unis, où la production était considérable. V. à ce sujet l'*Economiste français* du 5 avril 1890.

très peu d'intérêt direct à l'établissement de taxes
douanières sur ce produit, et leur principal objet était
en somme la création d'une sorte de monopole industriel, au profit des distillateurs de betteraves, fixés
dans sept ou huit départements du nord de la France.

Il était évident que 300 kgs de maïs étant nécessaires (1) pour la fabrication d'un hectol. d'alcool (2),
le droit proposé de 3 fr. soit de 9 fr. par hectol. équivaudrait à une taxe prohibitive de 25 °/₀ par hectol.
fabriqué, et amènerait la ruine inévitable de toutes
les distilleries de grains exotiques.

Cet objectif, dont la baisse constante des prix de
l'alcool de 1880 à 1889, (3) donnait tout au moins une
explication naturelle, sinon une justification légitime,
devait même encore être complété par des taxes d'entrée
sur le riz qui servait également à la fabrication de
cet alcool.

Déposé à la Chambre, par M. Méline, le 19 novembre 1889, ce projet de loi fut adopté le 5 juin 1890, par
338 voix contre 166 et promulgué le 8 juillet 1890.

Voici quelles étaient les principales dispositions.

Maïs ..	Grains..........	3ᶠ »	8.60	Importés
	Farines	5 »	8.60	des
	En paille	3 »	6.60	Entrepôts
Riz....	Brisures	6 »	9.60	d'Europe.
	Entier, semoule ou farine	8 »	11.60	

(1) V. un article de l'*Economiste français* du 7 octobre 1889.
(2) V. la production de l'alcool de betterave dans le *Bulletin
de statistique et de législation comparée* de juin 1889. Un
hectol. de cet alcool valait 36 fr. à Paris, en décembre 1889.
(3) Le prix de l'alcool était tombé de 68 fr. l'hectol. en 1880,
à 36 fr. en 1889.

L'on ne tarda point à voir, dès 1891 que les distillateurs de betteraves ne s'étaient pas trompés et que la
loi produisait, pour l'industrie du maïs et du riz, tous
les résultats espérés : en quelques mois, un très grand
nombre d'usines avaient disparu (1) et, malgré les protestations des intéressés, portées à la Chambre, le
15 juin 1891, par M. Reynal, la loi de prohibition fut
maintenue.

A tous les points de vue, comme on le voit, elle était
regrettable : notre agriculture n'en devait retirer
qu'un très minime profit et le seul résultat appréciable, mais tout particulièrement recherché que l'on
atteignit, fut le développement d'une certaine industrie,
au prix de la ruine d'une industrie similaire et concur-
rente. Ce n'était guère là, on en conviendra, un objectif
digne de la législation d'un grand pays et on ne peut
que déplorer l'intervention de l'Etat, pour déterminer
la suppression de la libre concurrence à l'intérieur du
pays.

---

(1) A Bordeaux 2 distilleries venaient de fermer; une 3e cessa
sa fabrication en 1891. Celles de Besançon et d'Agde en étaient
au même point. Les 3 usines de Marseille étaient ruinées; l'une,
« la Grande Distillerie » produisait 200 hectol. d'alcool par jour
et travaillait en 24 heures, 75.000 kgs de grains; elle avait coûté
2 millions. La distillerie de Humage (Pas-de-Calais) qui avait
coûté 2 millions 1/2 fut revendue 150.000 fr. Les distilleries de
grains du nord de la France qui purent remplacer les maïs par
les mélasses des sucreries, souffrirent moins que celles du midi.

§ 2

RIZ

Le riz, comme nous venons de le voir, fut taxé pour les mêmes motifs que le maïs. Loin d'offrir pour notre agriculture un danger quelconque, puisque cette plante ne pousse pas en France, les importations en étaient par contre profitables à nos intérêts coloniaux, 4 % des 280.000 quint. reçus à Marseille (1) en 1889, venant de Cochinchine.

La taxe eut l'effet d'un droit de consommation de 0 fr. 10 par kg. sur une denrée de nécessité courante. Ce tarif d'entrée était donc ici plus regrettable et moins justifié encore que celui fixé sur le maïs, car la totalité de cette dernière denrée consommée en France était produite sur notre sol.

§ 3

SEIGLE

En 1884, lors des propositions de droits sur les céréales, la Commission avait adopté pour les seigles un droit de 2 fr. (2). A la Chambre, M. Ganault (3) demanda 3 fr., M. Gros 4 fr. 50.; mais le Ministre de l'agriculture protesta contre ces taxes. Loin d'importer

_____

(1) Importation du riz en France en 1889 : grains : 690.770 quint., riz en paille 126.600 quint.

(2) *Journal officiel*, Chambre, Documents, 1884, page 1.732 et suiv.

(3) Séance du 28 février 1885.

— 156 —

du seigle, nous en exportions au contraire de notables
quantités : un million de quint. en moyenne, de 1880
à 1884 (1). Mais, lancée dans la voie de la protection
à outrance et trompée par les plaintes des députés, qui
mettaient toujours en avant la baisse croissante des
prix, la Chambre accepta le droit de 1 fr. 50, par
220 voix contre 212, et le tarif fut inséré dans la loi du
29 mars 1885.

Quatre ans plus tard, les prix ayant néanmoins continué de s'abaisser, les plaintes se reproduisirent et la
loi du 16 avril 1889, porta le droit à 3 fr. par quint.
et à 5 fr. sur la farine de seigle (2).

§ 4

ORGE ET MALT

De même que pour le seigle, le Ministre du commerce
avait, en 1884, repoussé pour l'orge le droit de 2 fr.
proposé par la Commission (3). Bien qu'intéressant
directement l'industrie de la bière, du reste déjà protégée par d'autres mesures, on ne pouvait modifier le
tarif de 4 fr. (inséré dans les traités de commerce),
qu'elle payait par hectol. Toute modification des droits
d'entrée de l'orge, aurait du reste, ainsi que le démon-

(1) Production du seigle en France, en 1884 : 26,3 milli ns
d'hectol.
(2) *Journal officiel*, débats de la Chambre du 28 mars 1889.
Chambre, documents, session extraordinaire de 1889, p. 606.
(3) Séance du 28 janvier 1885.

trait M. Rouvier, provoqué de graves dangers pour nos brasseries. 125 kgs d'orge donnant 100 kgs de malt, et 32 kgs de malt (orge germé) étant nécessaires pour la production d'un hectol. de bière, un droit de 2 fr. 50, par 125 kgs d'orge, aurait correspondu à une diminution de 1 fr. 50 de la taxe qui pesait sur la bière et l'entrée de celle-ci se serait donc trouvée développée par là même au détriment de notre industrie. Enfin, ainsi que le montre la balance parfaite de nos importations et de nos exportations, notre agriculture n'était nullement intéressée à l'établissement d'un tarif protecteur sur cette céréale :

Importations	Exportations
1876 : 800.000 quint.	1.600.000 quint.
1881 : 1.400.000 quint.	1.200.000 quint.

Nos orges, de meilleure qualité que celles de l'étranger étaient achetées par les pays voisins consommateurs de bière, tandis que la bière de qualité moyenne, bue dans le nord et dans l'est de la France, était fabriquée avec des orges, moins chères et moins bonnes, venant de l'étranger, d'Allemagne principalement. Là encore, la crainte de la baisse continuelle des prix fit triompher le projet de la Commission et des protectionnistes. La Chambre adopta le droit de 1 fr. 50, par 233 voix contre 195. Le tarif fut également promulgué avec la loi du 29 mars 1885.

Pour le malt ou orge germé, après un assez court débat (1), la Chambre éleva le chiffre proposé par la Commission, de 1 fr. 80 à 1 fr. 90.

_____

(1) Séance du 2 mars 1885.

§ 5

AVOINE

Le droit que réclamait la Commission, pour relever les prix de l'avoine, était également de 1 fr. 50, bien que notre production fût considérable et que nous n'eussions besoin que de légères importations (1).

Mais les prix étant tombés de 10 fr. 95 l'hectolitre en 1876 à 8 fr. 47 en décembre 1884, on espérait par là augmenter les prix.

La taxe de 1 fr. 50 fut votée le 29 février 1885, par 293 voix contre 146, et insérée dans la loi du 29 mars 1885. Celle du 29 mars 1887 porta ce droit à 3 fr.

_____

(1) Moyenne de notre production d'avoine de 1882 à 1884 : 90 millions d'hectolitres. Importations en 1883 : 2.830.442 quint.

CHAPITRE VI

Législations étrangères

Les mêmes motifs qui avaient provoqué en France l'établissement de mesures protectrices telles que la baisse des prix du blé et le désir de contribuer au relèvement de l'agriculture, pour lui permettre de suffire, dans un avenir plus ou moins proche, aux besoins du pays, se retrouvent, avec les mêmes résultats, dans les pays voisins, où la culture des céréales avait acquis une grande importance. L'Allemagne, l'Autriche-Hongrie, l'Espagne, l'Italie, le Portugal, ont adopté une législation protectionniste.

La Belgique, la Hollande, la Suisse, la Suède, la Norvège, dont le sol peu propice ne produisait qu'une quantité de blé relativement faible et qui devaient par conséquent recourir à des importations considérables, pour subvenir à leur consommation annuelle, étaient naturellement restées libre-échangistes.

Les pays enfin, dont la production était bien supérieure aux besoins indigènes et qui écoulaient le surplus de leur récolte dans les contrées moins favorisées, n'avaient pas eu à se préoccuper de taxes douanières. C'est dans cette dernière catégorie que se rangent la Russie et la Roumanie.

Un seul État, la Grande-Bretagne, occupe une place particulière dans ces divers systèmes douaniers européens. Elle fut protectionniste à l'origine, mais la nécessité, bientôt reconnue par tous les partis, depuis la conversion célèbre de Robert Peel, d'assurer à bon marché l'alimentation nationale, a déterminé de bonne heure, même au prix d'une grave crise agricole, la suppression complète de tous les tarifs prohibitifs. Si les emblavures commencèrent tout d'abord par diminuer dans une proportion considérable, la restriction de la culture aux meilleurs terrains et l'emploi raisonné de méthodes nouvelles, ne tardèrent pas à assurer aux agriculteurs un bénéfice suffisamment rémunérateur. De nos jours, comme on le verra plus loin, la question des droits sur les céréales n'est même plus en discussion en Angleterre.

Dans ce rapide exposé, l'Allemagne seule, par la similitude de son sol, de sa législation et des résultats obtenus, nous retiendra quelque temps. Nous passerons rapidement sur l'Autriche-Hongrie, l'Italie, l'Espagne et le Portugal, où des mesures restrictives sont en vigueur et nous n'insisterons guère que sur la Grande-Bretagne qui, bien que ne rentrant pas dans notre sujet par sa législation libre-échangiste, nous fournit cependant, par les résultats précieux qu'elle a obtenus, le complément nécessaire à cette étude.

I

Etats protectionnistes

1° ALLEMAGNE

En 1828, le Grand Duché de Hesse-Darmstadt conclut avec la Prusse une union douanière ou « Zollverein » qui engloba bientôt tous les autres États allemands. Jusqu'en 1860, l'opinion générale se prononça pour le libre-échange et chose curieuse, ce fut l'agriculture intéressée à l'exportation des céréales et à l'entrée des objets fabriqués, qui en demanda l'application. A partir de cette date, jusque vers 1865, le « Zollverein » allemand entra de plus en plus dans le système des traités de commerce de l'Europe centrale ; et, après la fondation de l'Empire qui mit fin au Zollverein », à deux reprises, en 1873 et 1877, les grands propriétaires unis aux libéraux, obtinrent des réductions de tarifs.

Ce furent les derniers beaux jours du libre-échange. En 1878, la concurrence des blés étrangers, russes entre autres, provoqua une forte baisse ; et en l'espace d'un an, les prix tombèrent, de 28 fr. 50 par quintal, à 23 fr. sur le marché de Cologne En janvier 1879, ils étaient à 22 fr. 75.

M. de Bismark se décida alors à abandonner la

politique libérale et la loi du 1er octobre 1879 frappa
le blé d'un droit de douane de 1 fr. 25 par quintal (1).

De même qu'en France, ce tarif fut relevé à deux
reprises, sous l'influence prolongée exercée sur le
Gouvernement par le parti « agraire ». Les gros propriétaires, fortement unis entre eux, formaient une
association puissante et disciplinée de plus de 150.000
membres, telle qu'on en rencontre si souvent en Allemagne : ce « Verein » ou « Bûnd der Landwirthe »,
exerça pendant toute cette époque, sur la législation
de l'agriculture et ses progrès, l'action la plus efficace (2).

Son influence s'étendait particulièrement sur les
parties de l'Empire où la culture des céréales produisait un excédent : la Prusse, la Bavière, l'Oldenbourg,
e Brunswick, la Saxe et la Mecklembürg ; par contre
ses adhérents étaient peu nombreux dans le Wur-
temberg, le Palatinat, l'Alsace-Lorraine, le Grand-
Duché de Bade, les provinces Rhénanes et la Thu-
ringe.

Comme en France encore, la baisse continue des
prix fut l'occasion attendue des agrariens pour réclamer et obtenir une nouvelle aggravation des tarifs.
Les lois du 24 mai 1885 et du 27 décembre 1887 portèrent successivement les droits à 3 fr. 75 et 6 fr. 25.

(1) V. le discours du Prince de Bismark au Reichstag, séance
du 20 mai 1879.

(2) Cette puissante association ne borna pas du reste son rôle
à la vie agricole, et prit une part de première importance dans
les luttes soulevées par la question du bi-métallisme et de l'an-
tisémitisme.

Et le Gouvernement allemand refusa de suspendre les droits lors de la mauvaise récolte 1891.

Ce n'est qu'en 1892, à la vue des dangers toujours grandissants que faisait courir au pays une politique aussi absolue, que le chancelier de Caprivi se décida à faire accepter par les partis dominants, des traités de commerce avec l'Autriche-Hongrie, la Roumanie, la Russie, la Belgique, la Suisse et l'Italie. Dès le premier de ces traités conclu avec l'Autriche, la taxe avait été ramenée à 4 fr. 37 (3 marks, 50).

Mais la puissance du parti agrarien était telle qu'une réaction ne tarda pas à se produire (1). Les admissions temporaires dont les formalités assez compliquées avant 1894, avaient été simplifiées par la création de « bons d'importation » négociables dans toute l'Allemagne, furent remises, en 1896, en leur état primitif : un décret, rendu à la demande du parti agrarien, supprima toutes ces facilités. Et dans le courant de la même année encore, l'interdiction des marchés à terme sur les céréales, mesure dirigée contre la spéculation et les importateurs de grains étrangers, marqua un nouveau triomphe des protectionnistes (2) ; ce fut l'objet

---

(1) En 1894, le comte Kanitz, au nom du parti agrarien, alla même jusqu'à proposer au Reichstag de confier au Gouvernement le monopole de l'importation des céréales. Ce projet fut naturellement repoussé.

(2) V. le *Journal des Économistes* du 6 juin 1896 et du 4 mars 1899. On peut aussi consulter sur les marchés à terme et les marchés fictifs sur les céréales, une intéressante brochure de M. Alf. Thibaudeau, *La Spéculation et le marché des blés* Paris, 1897.

de la loi du 22 juin 1896. L'année suivante, pendant la hausse des cours des grains, leur intervention empêcha le Gouvernement de suspendre les taxes.

Les effets de cette législation douanière furent naturellement semblables à ceux que nous avons déjà remarqués en France (1). De 1876 à 1878, avant l'introduction du régime protecteur, les cours du marché de Cologne, l'un des grands centres de l'Allemagne pour les transactions sur les céréales, avaient été en moyenne de 2 fr. 25 inférieurs, par quint. de blé, à ceux de Londres. En février 1879, le froment était à 22 fr. 75, et en décembre de la même année après le vote des taxes, il avait atteint le prix formidable de 29 fr. (2), auquel il ne se maintint du reste que peu de temps.

Mais, il faut reconnaître que les mesures protectionnistes produisirent leur plein effet. La loi de 1879 provoqua une différence de 0 fr. 50 en faveur de Cologne par rapport à Londres. Celles de 1885, de 1886 et de 1887 firent monter cet écart à 3 fr. 30, et sous cette dernière, il parvint même à 4 fr. 30. Encore, pour apprécier exactement ces chiffres, faut-il tenir compte de la différence primitive de 2 fr. 25, en faveur de Londres vis-à-vis du marché allemand.

Cependant, ces prix si élevés qu'ils fussent par rapport au marché européen, ne réussirent pas à empêcher un affaissement progressif des cours : voici quels

---

(1) *Annales des sciences politique*, 1891, p. 293.
(2) Chiffres tirés de la publication officielle allemande *Monatshefte zur Statistick des deütschen Reichs*.

furent pendant cette période les prix du marché de
Berlin :

1880 — 21,78 marks, le quintal (1).
1881 — 21,95   —   —
1882 — 20,42   —   —
1883 — 18,61   —   —
1884 — 16,22   —   —
1885 — 16,09   —   —
1886 — 15,13   —   —

Pour le seigle, un résultat analogue se produisit : le
quint. qui valait 15 marks, 20 pfennigs en décembre 1888
et 10 m. 50 p., dans l'intérieur du port franc de Brême,
passa, en février 1889, à 15 m. 40pf. à Berlin, (9 m. 80 à
Amsterdam), puis 15 m. 50 p. et (12 m. 30 p.) sur les
mêmes places, en décembre 1889 (2).

L'effet de cette législation protectrice ne fut du reste
pas moins sensible sur les prix du pain. A la première
session du Reichstag, en 1889, M. Bebel constatait que
l'élévation des tarifs en 1887 avait eu pour résultat
une augmentation de 1 à 3 pf. par livre de pain. En
1888, 1889 et 1890, le prix de la farine de seigle était
respectivement de 23 fr. 50; 27 fr. 15; 29 fr. 31, et
comme on pouvait s'y attendre, le prix du pain avait
suivi cette hausse : à Berlin le kg. valait :

0f,25 .... en 1887
0f,26 .... en 1888
0f,306 .... en 1889
0f,339 .... en 1890

_____

(1) Le mark vaut 1 fr. 25, le pfennig 0 fr. 125.
(2) Pour plus de détails, voir le *Journal des Économistes*
de juin 1895.

Les surfaces ensemencées en céréales, qui varièrent du reste peu par la suite, étaient en 1886 :

Seigle. — 5.838.902 hectares

Blé. — 1.961.633

Avoine. — 3.806.635

Le rendement moyen atteignait 20 hectolitres à l'hectare pour le blé (1). L'Allemagne était obligée, pour subvenir à ses besoins, de recourir à l'importation. De 1881 à 1886, exportation déduite, elle est en moyenne de 4.022.050 quint. pour le blé et de 6.315.580 pour le seigle. En 1886, l'excédent des importations de farine est de 1.162.339 quint.

Examinons maintenant en quelques lignes, les mesures efficaces et très nombreuses qui furent prises dans le but de protéger et d'encourager l'agriculture.

Les associations mutuelles et coopératives, destinées principalement à faire des prêts aux cultivateurs, à leur faciliter la vente de leurs produits ou l'achat d'objets de culture et de consommation, s'étaient beaucoup développées. En 1896, il y en avait 24.575 réparties

1. Rappelons ici que, conformément à l'usage général, nous donnons les chiffres d'importation et d'exportation en quint. et ceux des récoltes et des rendements en hectolitres. En moyenne l'hectolitre de froment pèse 75 à 77 kgs.

en 18 groupes (1); c'étaient principalement (2) :

Les associations Schulze-Delitzsch 14.842 associations
— Haas (Offenbach) 4.232 —
— Raiffeisen (Neuwied) 2.666 (3) —

Parmi les caisses Raiffeisen, par exemple, 2.564 s'occupaient uniquement d'épargne et de prêts : 35 étaient des laiteries coopératives, 18 des syndicats de vignerons, 13 des Sociétés de consommation, 12 des distilleries et le reste fonctionnait en vue de la vente du grain, des fruits, des chevaux, etc. Ici encore, l'esprit d'association, si développé en Allemagne, produisit les meilleurs résultats, et toutes ces Sociétés, possédant du reste une situation excellente, ont rendu de très grands services à l'agriculture.

Nous donnons ces quelques détails pour montrer que ces associations s'adaptent à tous les besoins, ne négligent aucune des formes sous lesquelles elles peuvent être utiles et aident puissamment l'agriculture.

La réunion des petites parcelles agricoles, pour réduire autant que possible les inconvénients produits par le morcellement du sol, a également fait en Allemagne les plus grands progrès (4). De 1874 à 1883, dans les six anciennes provinces de Prusse, on a procédé à la redistribution de 358.552 hectares, formant

(1) En 1896, les Sociétés de *crédit mutuel* sont au nombre de 6.417. V. Blondel, *La population rurale en Allemagne*, p. 458.
(2) D'après le *Jahresbericht* officiel allemand de 1895.
(3) Les sociétés Raiffeisen, formées sans capital, le remplacent par la mutualité solidaire et illimitée des associés.
(4) V. Dr Bruno Schlitt, *Die Zusammenlegung der Grundstücke und ihrer volkswirtschaftlichen Bedeutung*, Leipzig 1886.

auparavant 1.310.368 lots, en 386 433 parcelles. Dans
le grand-duché de Bade, de 1868 à 1883, le nombre de
ces parcelles a été réduit de 72 %, dans 700 exploi-
tations comprenant 58.414 hectares. Des opérations
du même genre ont été faites dans les provinces rhénanes.

En Prusse, deux millions par an sont consacrés aux
études concernant l'amélioration du sol. Des « Renten-
güter », ou fermes petites ou moyennes, achetées par
annuités assez faibles, et dont l'acquéreur ne peut dis-
poser librement qu'après paiement total, permettent à
des cultivateurs dépourvus de capital, d'acheter des
terres et de les faire valoir. Quelques domaines ruraux
de l'Etat ont même été distribués de cette façon (1).

D'excellentes améliorations ont été aussi apportées
dans la vente et la manipulation des grains, par la
création d'élévateurs entrepôts, sortes de magasins
où les cultivateurs portent leurs grains après la
moisson et où ils peuvent recevoir des avances, en
attendant la vente. Construits en dehors de l'action
directe du Gouvernement, qui favorise néanmoins
l'établissement des Sociétés fondées pour leur exploitation, ils rendent de grands services (2).

---

(1) L'Etat prussien est en effet propriétaire de domaines considérables.

(2) Seul, le Landtag prussien, parmi les parlements allemands,
par la loi du 3 juin 1896, a accordé une subvention de 3 millions
de marks, portée à 5 millions par la loi du 8 juin 1897, pour la
construction de ces élévateurs-entrepôts.

2° Autriche-Hongrie

Les droits sur les céréales y furent établis, sur la demande de la Hongrie qui, très importante productrice de blé, craignait l'envahissement des grains américains et indiens et la concurrence désastreuse qu'ils pouvaient lui faire, vendus à bas prix sur le marché autrichien.

La loi du 25 mai 1882 établit un tarif de 1 fr. 25 par quintal sur le blé et de 3 fr. 75 sur la farine.

Celle du 24 mai 1888 augmenta encore ces taxes (1).

3° Espagne

Dès 1841, l'Espagne avait adopté des tarifs prohibitifs, interdisant l'entrée des grains et des farines, tant que le blé n'atteindrait pas certains cours fixés d'avance. Mais une loi de juillet 1877 établit des taxes fixes : 4 fr. 20 par quintal de blé, 8 fr. 25 par quintal de farine. Puis, successivement un décret du 25 décembre 1890 porta, à partir du 1ᵉʳ janvier 1891, les taxes à 8 fr. sur le blé et à 13 fr. 20 sur la farine ; une loi du 9 février 1895 ajouta une surtaxe de 2 fr. 50 par quint.

---

(1) Sur la question agraire en Autriche, voir l'*Economiste français* du 26 janvier 1895. Sur la politique douanière concernant les céréales, v. la *Revue politique et parlementaire de janvier* 1899 : un article de M. Lang, vice-président de la Chambre des députés de Hongrie.

de blé et de 4 fr. 12 par quint. de farine, du 11 février au 31 décembre 1895. La présence de la fraction conservatrice au pouvoir, c'est-à-dire des gros propriétaires fonciers, nous explique ces mesures protectionnistes.

En 1898, devant les émeutes que causa le prix exagéré du pain, le droit fut abaissé à 6 pesetas (1), tant que le prix du blé ne serait pas tombé au moins à 27 pesetas par quintal.

Quant aux importations de grains, elles varient, en Espagne entre 1,5 et 3 millions de quintaux :

1887.....................	3.140.000 quint.
1889.....................	1.450.000 —

4° ITALIE

Primitivement, la consommation des grains était réglementée en Italie, par une taxe dite de mouture, le *macinato*, de 1 fr. 50 en moyenne par hectolitre, payée par la meunerie, et variable suivant les contrées. Mais diverses lois vinrent, à partir de 1883, modifier ce système. La loi de douane du 9 août 1883, établit un droit d'entrée de 1 fr. 40 par quintal de blé et de 2 fr. 77 par quintal de farine (2) ; les lois du 12 février et du 12 juillet 1888 augmentèrent ensuite les tarifs : 5 fr.

---

(1) La peseta vaut 1 fr. au pair, mais le change lui inflige une perte considérable.

(2) En réalité les droits sont un peu plus élevés, car ils sont payables en or et ce métal fait prime.

pour le blé, 8 fr. 70 pour la farine et 4 fr. pour l'avoine; de nouveaux décrets les portèrent bientôt à 7 fr. 50 pour le blé et 12 fr. 50 pour la farine.

L'élévation des prix, de 1897-98 décida le Gouvernement, la veille de la rentrée des Chambre, à ramener les taxes à 5 fr., et 8 fr. pendant la période comprise du 23 janvier au 31 mai 1898. Peu auparavant en effet, en décembre 1897 et en janvier 1898, le prix du pain avait provoqué quelques émeutes.

La production annuelle de l'Italie est de 40 à 45 millions d'hectol. de froment :

1886	45.607.000	hectol.
1894	42.850.000	—
1895	41.490.000	

Dans ce pays comme ailleurs, les taxes protectrices ont parfaitement répondu aux espérances que l'on avait placées en elles et le blé est resté plus cher en Italie que dans les pays non protégés.

5° PORTUGAL

Après une première période de protection, déterminée par les lois de 1821 et de 1837, le Portugal était resté libre-échangiste, depuis 1885. Par la loi du 29 juillet 1888, rendue sur les réclamations de l'agriculture, des mesures prohibitives furent rétablies : des taxes élevées furent mises à la disposition du Gouvernement qui pouvait les faire varier à sa guise, afin de combattre plus efficacement la concurrence étrangère.

La loi étant entrée en vigueur en octobre, coup sur

coup, les droits furent baissés, puis relevés ; une grande spéculation se produisit et, dès le 15 juillet 1889, une loi nouvelle vint modifier complètement le système. L'importation des blés ne fut plus permise qu'à trois conditions : 1° l'importateur devait prouver que la quantité de blé qu'il voulait introduire, ne dépasserait pas la moitié de ce qu'il avait acheté en blés ou farines du pays ; 2° lorsque le blé national dépasserait 60 reis par kg. (1) (soit 46 fr. 50 par hectolitre) ; 3° lorsque le « marché central » des produits agricoles déclarerait tout le blé national vendu.

Le droit d'entrée de 20 reis par kg. (0 fr. 11 au pair et 0 fr. 07 au cours du change), soit 7 fr. par quintal, fut successivement abaissé en 1890 et 1891 et la loi du 27 août 1891, décida que la taxe serait fixée selon les prix du marché extérieur. Deux périodes bien tranchées étaient ainsi fixées dans l'année agricole : dans la première, tout le blé portugais devait être vendu ; dans la seconde, l'on importait des froments étrangers, mais en quantité limitée et selon les besoins du pays.

En 1897, année il est vrai mauvaise, les importations furent de 1.344.150 quintaux (2).

En résumé, ce système assez complexe, semble avoir donné de bons résultats ; mais, vu toute cette réglementation, il serait peu praticable dans un grand pays.

(1) 60 reis font au pair 0.33 cent. et au cours de change de 1898 0.22 cent.).

(2) V. *Revue politique et parlementaire*, mai 1898.

II

Pays libre-échangistes

1° Angleterre

L'examen des conditions douanières de la Grande-Bretagne, bien que libre-échangiste, offre pour nous un très grand intérêt, car ce n'est qu'en 1869 qu'eut lieu la suppression des droits sur les céréales.

Au siècle dernier, cette partie de la législation anglaise était conçue d'une manière analogue à celle de la France : réglementation très étroite. Vers 1800, l'entrée des blés fut soumise, lorsque les cours restaient au-dessous d'un certain taux, à un régime d'Echelle mobile. Plus tard, lorsqu'il fallut au rétablissement de la paix, assurer contre la baisse les revenus de l'aristocratie menacée dans les nombreux baux qu'elle avait établis, d'après les prix des blés très élevés par suite de la guerre avec la France, on recourut à des droits assez forts. Mais, dès 1822, la réaction commença.

Toutefois, ces diverses mesures agraires (les *corn laws*) ne donnèrent pas de bons résultats et ne purent empêcher les prix de baisser, tandis que les primes données à l'exportation imposaient de lourds sacrifices au Trésor.

Des plaintes s'élevèrent de tous côtés et, en 1838,
sur l'initiative d'un jeune manufacturier de Manchester,
Richard Cobden, une ligue se forma (l'*Anti corn - laws
league*) ayant pour but d'obtenir la libre importation
des céréales.

Une campagne très active qui eut un immense reten-
tissement en Angleterre, jointe par surcroît à l'insuffisance des récoltes, obligea Robert Peel à suspendre
les droits sur les céréales. On connaît d'autre part, sa
célèbre et brusque conversion ; et en 1846, la suppression définitive des taxes fut votée. De nouveaux tarifs
très réduits les remplacèrent. (1) ceux-ci donnaient
annuellement près de 900.000 livres sterling (2), ils ne
devaient donc pas être sans influencer légèrement les
prix de vente et si faibles qu'ils fussent, ils pouvaient
encore se faire sentir dans l'alimentation des familles
pauvres. Aussi, dans la séance du 8 avril 1869, le Chancelier de l'Echiquier (3) demanda lui-même à la Chambre
des communes et obtint sans difficulté, leur entière
suppression.

En vain, l'agriculture fit alors entendre les plaintes
les plus vives; elle dut, après une courte résistance,
se résigner à limiter aux très bonnes terre la culture
du blé. Ceci nous explique la moyenne élevée qu'atteignent les rendements en Angleterre: 25 hectol. à
l'hectare. Très réduites à l'origine (4), : 1.689.245 hec-

1) Les droits promulgués le 1er février 1849, étaient de
1 shilling (1 fr.25) par quarter 290,781 litres, soit 0 fr. 55 par
quint.
2) Rappelons que la livre sterling vaut 25 fr.
3) M. Lowe, depuis, lord Sherbroock.
4) *Journal d'agriculture* 1898, 2. p. 523.

tares en 1857, tombées même à 761.625 hectares en 1867, les emblavures de blé semblent cependant de nos jours, en voie d'augmentation : 164.974 hectares nouveaux en trois années (1896 à 1898).

Les importations anglaises (50 à 55 millions de quint.), pour suffire à un besoin annuel de 70 à 80 millions d'hectol. de froment, se décomposent ainsi qu'il suit, pour la période de 1890-1892 (1) :

Provenance.
États-Unis : 25 millions de quintaux
Russie   12, 6
Indes   11, 3
Canada   2, 6
Australie   2, 3

53, 5 millions de quintaux.

De nos jours, la question des tarifs douaniers sur les céréales, ne se pose même plus en Angleterre. Ces taxes ayant été supprimées pour assurer plus facilement à la nation des subsistances à bon marché, la possibilité d'un retour en arrière ne semble pas même admise, dans une question d'une importance aussi capitale.

Seule, la crainte de disette en cas de guerre (2) a pu provoquer de temps à autres, de courtes discussions sur ce sujet : mais cette crainte est vaine, car la flotte anglaise serait assez forte pour empêcher un blocus des côtes.

_____

(1) V. *Moniteur Officiel du Commerce*, 19 octobre 1893.

(2) Chambre des communes, séances du 6 avril 1897, et du 15 février 1899. Voir à ce sujet, un article de la *Revue politique et parlementaire*, du 10 mai 1899, p. 304.

2° BELGIQUE

Avant 1849, les droits d'entrée sur les blés étaient de 3 fr. 75 et la sortie était prohibée dans certains cas. En 1849, la taxe fut réduite à 1 fr., puis à 0 fr. 40 en 1861 et supprimée totalement en 1874. Pays éminemment industriel, le régime du libre-échange devait être favorable à la Belgique; et en effet, les résultats obtenus furent très satisfaisants bien que, comme partout ailleurs, les agriculteurs n'aient pas manqué de faire entendre leurs protestations. Mais, si la Chambre repoussa, en 1885, les droits qu'ils réclamaient depuis longtemps sur le bétail et les céréales, ils parvinrent cependant à faire voter un droit sur les animaux de boucherie en 1887 (1); et quelques années plus tard, malgré l'action et l'énergie du parti libre-échangiste, la loi du 12 juillet 1895 fixa même de la manière suivante le tarif par quint. :

Avoine. . . . .   3 fr. | Malt. 1 50
Farine de blé.   2   » | Pâtes alimentaires.   4   »

Le blé seul avait pu échapper à la taxe. L'on ne peut s'empêcher de regretter les tendances protectionnistes qui se font jour en Belgique, quand l'on considère les avantages très réels que le pays a retirés de la politique libre-échangiste : création d'un important

---

(1) Cette loi du 8 janvier 1887, fut adoptée par 69 voix contre 54, malgré le ministre des finances libre-échangiste, M. Bernaërt, qui avait obtenu deux ans auparavant, en 1885, le rejet des mêmes taxes.

marché, développement du mouvement industriel et maritime, etc.

Cette liberté s'était d'autre part très clairement fait sentir dans la marche ascendante des importations de blé.

1849-1859 :   396,420 hectol., moyenne annuelle.

1859-1869 :   946,820

1869-1879 : 4.330,040

1879-1889 : 8.597,360

La production intérieure étant de 5,500,000 hectol., pour une consommation de 11 millions d'hectol. (1), le surplus des importations était réexporté. Le régime du libre-échange a été également très favorable au commerce de la Belgique, qui a quadruplé de 1860 à 1890.

720 millions de fr. en 1860

2.815   —   en 1890

AUTRES PAYS

Sur les autres pays de moindre importance, restés fidèles aux doctrines du libre-échange, nous ne donnerons que quelques renseignements.

Suisse. — Le blé paie une taxe de 0 fr. 30. La farine, de 2 fr. par quintal.

Russie. — Le blé est exempt de tout impôt. La farine paie 4 fr. 88 d'entrée par quintal.

(1) En 1888, l'importation des céréales a été de 19.797.177 hect.

Dans ces deux pays, c'est la nécessité de protéger la meunerie qui a fait imposer la farine.

Suède. — La lutte entre les protectionnistes et les libre-échangistes a été fort vive.

En 1886, l'appui d'une des deux Chambres faillit même amener le triomphe des premiers. Mais les élections qui suivirent la dissolution prononcée l'année suivante, firent rentrer au Parlement une grande majorité libre-échangiste, ce qui mit fin à la lutte ; celle-ci n'a pas été reprise depuis (1).

---

(1) V. pour plus de détails le *Journal des Économistes* du 15 mai 1887.

CONCLUSION

De l'étude que nous venons de faire, des raisons que nous avons données, des chiffres que nous avons fournis, doit se dégager à notre avis, une conclusion tout à fait défavorable à toute législation protectionniste sur les céréales.

Certes, si les 18 millions de cultivateurs dont on a tant parlé, avaient tous retiré profit de la politique nouvelle, si la moitié de la population française que représentait ce chiffre avait participé au bénéfice attribué à l'influence de ces lois douanières, on pourrait reconnaître en elles un véritable caractère d'utilité et accepter que, pour sauver de la ruine la moitié de la nation, on obligeât l'autre à payer son aliment capital, le pain, à un prix sensiblement supérieur.

Mais la question ne pouvait se poser ainsi : la qualité de consommateur de pain s'étendait à tous et, seul un nombre relativement restreint de propriétaires fonciers était en mesure de profiter de la protection, pour vendre le blé à des prix plus élevés que ceux des marchés étrangers non protégés.

Or, il est indiscutable que les intérêts des consommateurs étaient ici supérieurs en importance à ceux
des producteurs. De plus, si l'on considère la grande
masse d'individus pour lesquels la somme annuellement
consacrée à l'achat du pain représente une fraction
importante du budget, si l'on songe que les familles
les plus directement atteintes par ce supplément de
de dépenses, sont à la fois les plus pauvres et les plus
nombreuses, on ne peut manquer d'estimer hors de
proportion, le côté regrettable des résultats de la
protection en regard des profits évidents qu'en retirent
quelques gros cultivateurs.

Enfin, autre conséquence non moins digne d'attention,
le prix du pain, plus élevé en France qu'en Angleterre
et qu'en Belgique, détermine une hausse proportionnelle et inévitable des salaires qui met notre industrie
nationale, déjà si éprouvée, dans un état d'infériorité
manifeste sur le marché international.

Est-ce à dire qu'un retour en arrière, qu'une suppression des taxes douanières sur les céréales, soit possible dans les circonstances présentes et qu'il soit
désirable de suivre l'exemple de l'Angleterre pays
d'agriculture cependant importante, qui n'a pas
hésité à supprimer en bloc tous les droits d'entrée sur
le froment, en considération des intérêts des consommateurs, c'est-à-dire du pays tout entier.

C'est en effet la réforme qui, possible à votre avis,
répondrait le mieux à nos intérêts.

Si nous ne sommes pas partisans d'une brusque
suppression des droits protecteurs, procédé dange-
reux qui provoquerait la ruine des agriculteurs gros

producteurs de céréales, nous pensons cependant qu'un abaissement progressif des taxes pourrait conduire peu à peu, dans un temps plus ou moins long, à leur complète suppression. L'introduction de méthodes nouvelles, les perfectionnements que l'agriculture aurait ainsi le temps d'essayer, pendant cette période intermédiaire, lui permettraient, grâce aux machines et aux engrais, d'obtenir, dans un bref délai, une production abondante à des prix avantageux.

Et ceci est loin d'être en effet une vaine hypothèse : les faits prouvent au contraire la possibilité évidente de la transformation de notre agriculture. Dans les années moyennes, dix millions de quint. de grains étrangers entrent en France ; un surplus de récolte de 143 kgs ou de 2 hectol. environ par hectare, dans les 7 millions d'hectares qu'occupent les emblavements, permettrait à la France d'échapper à la nécessité des importations (1). Enfin, l'obtention de rendements supérieurs à ceux que l'on retire jusqu'ici de la culture du blé, donnerait des prix de vente plus rémunérateurs. La suppression des droits de douane, devenus ainsi

---

(1) V. dans l'*Economiste français* du 19 décembre 1885 les résultats obtenus par les expériences de l'École d'agriculture Mathieu de Dombasle. Dans des essais faits en grand à Tantonville, par un choix minutieux des semences et des fumures, on a obtenu de 18,95 hectol. à 29,90 hectol. à l'hectare, à des prix de revient variant par hectol. de 19 fr. 36 à 19 fr. 05. Enfin, d'après des renseignements qui nous ont été obligeamment communiqués par M. Magnin, professeur d'agriculture de la Côte-d'Or, on a obtenu dans des terrains de bonne qualité de ce département, grâce à des engrais convenablement choisis, des rendements de 33 à 39 hectol. à l'hectare.

sans utilité, apparaîtrait désormais sans aucun inconvénient.

En un mot, pour que l'agriculture, déjà résolument entrée dans la voie du progrès depuis quelques années, puisse faire les efforts suffisants pour arriver au résultat que l'on est en droit d'espérer d'elle, il faudrait, par une diminution progressive des droits protecteurs, la soustraire définitivement à la routine et à l'inertie si puissamment favorisées par ceux-ci à l'heure présente.

Vu :

M. MONGIN.

Vu :
Le Doyen de la Faculté de Droit,
de l'Université de Dijon.
E. BAILLY.

Vu et Permis d'imprimer :
Dijon, le 15 février 1900.
Le Recteur de l'Académie,
Ch. ADAM.
Correspondant de l'Institut.

TABLE DES MATIÈRES

Imprimerie MOUGIN-RUSAND. – WALTENER et C., successeurs
3, rue Stella – Lyon

Imprimé en France
FROC021253010720
24394FR00013B/264